会计类（图解版）职业教育精品系列教材

会计基础练习册

主　编　彭　芸　李带好　黄雄伟
副主编　罗妙辉　钟志恒
主　审　罗保国

北京理工大学出版社
BEIJING INSTITUTE OF TECHNOLOGY PRESS

内容简介

为了体现“知识够用，技能为重”，切实提高学生的会计职业操作技能，便于教师在教学时采用“教、学、做”一体化教学模式，帮助学生全面、准确地理解教材的主要内容和掌握一定的实际操作能力，编写本练习册为教材《会计基础》的配套练习，可以满足教师教学和学生学习训练的需要。

本练习册依照教材《会计基础》的项目顺序编写，题型有单项选择题、多项选择题、判断题和综合题；同时，编写了两套模拟试题。本练习册不仅适用于中职中专财经管理类各专业的教学，还适用于会计从业人员的新人培训。

图书在版编目（CIP）数据

会计基础练习册/彭芸，李带好，黄雄伟主编.—北京：北京理工大学出版社，2023.6重印
ISBN 978-7-5682-5859-3

Ⅰ.①会…　Ⅱ.①彭…　②李…　③黄…　Ⅲ.①会计学－中等专业学校－习题集
Ⅳ.①F230-44

中国版本图书馆CIP数据核字（2018）第149634号

出版发行／北京理工大学出版社有限责任公司
社　　址／北京市海淀区中关村南大街5号
邮　　编／100081
电　　话／（010）68914775（总编室）
（010）82562903（教材售后服务热线）
（010）68944723（其他图书服务热线）
网　　址／http：//www.bitpress.com.cn
经　　销／全国各地新华书店
印　　刷／定州启航印刷有限公司
开　　本／787毫米×1092毫米　1/16
印　　张／11.5
字　　数／306千字
版　　次／2023年6月第1版第2次印刷
定　　价／35.00元

责任编辑／龙　微
文案编辑／龙　微
责任校对／周瑞红
责任印制／边心超

图书出现印装质量问题，请拨打售后服务热线，本社负责调换

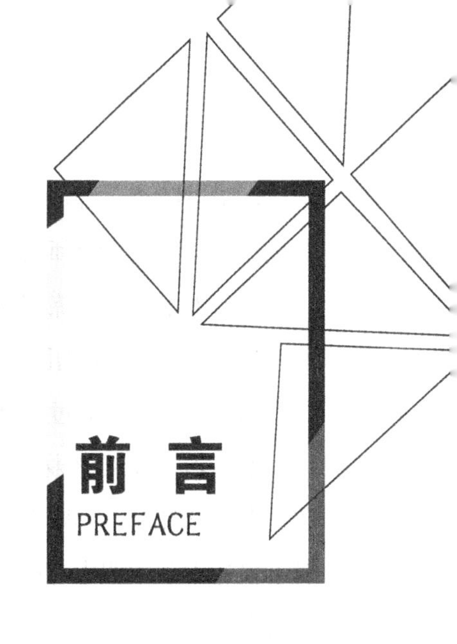

前言
PREFACE

中等职业教育会计专业的培养目标是应用型的会计人才。会计专业是应用性、操作性和规范性很强的专业，不仅要求学生掌握一定的专业知识，更加需要学生掌握实际工作所需的操作技能。为了适应新时期我国市场经济对会计专业应用型人才的需求，落实教育部《关于进一步深化中等职业教育教学改革的若干意见》和《关于制定中等职业学校教学计划的原则意见》，本着“以就业为导向，以技能为本位，以学生为主体”的原则，长期从事中职会计专业教学的教师和长期从事会计工作实务的高级会计师共同开发了教材《会计基础》，会计基础是财经管理类各专业的必修课，也是会计、会计电算化、财务管理及相关专业的专业基础课和核心课，其全面、系统、科学地阐述了会计基本理论知识和会计核算的基本技术。为体现“知识够用，技能为重”，切实提高学生的会计职业操作技能，便于教师在教学时采用“教、学、做”一体化教学模式，编写本练习册为教材《会计基础》的配套练习。

本练习册注重配合教学，帮助学生全面、准确地理解教材的主要内容，掌握一定的实际操作能力，其特点是：

1．针对性。本练习册针对中职生的学习特点，针对会计职业的入门者，体现会计专业的特色，由浅入深，先进行简单练习，再进行综合练习；既有概念题，又有实务题，突出学生会计实践能力的训练。

2．配套性。本练习册与教材《会计基础》配套，充分体现其重点、难点，随讲随练，加深学生对教材内容的理解与掌握，符合教学规律与认知规律，可以满足教师教学和学生学习训练的需要。

3．超值性。本练习册参阅近年来同类习题集与模拟试题，博采众长，所收集的习题均出自各省（区、市）会计从业资格考试历年命题题库，利于学生今后通过会计水平考试，实现“双证”教学目标。

本练习册依照教材《会计基础》的项目顺序编写，题型有单项选择题、多项选择题、判断题和综合题；同时，编写了两套模拟试题。本练习册不仅适用于中职中专财经管理类各专业的教学，还适用于会计从业人员的新人培训。

本练习册由彭芸、李带好、黄雄伟担任主编，由罗妙辉、钟志恒担任副主编，并由高级会计师、会计高级讲师罗保国负责总撰稿及主审。各项目撰稿分工为：彭芸编写项目三、四，李带好编写项目五、六，黄雄伟编写项目一、二，罗妙辉编写项目九，钟志恒编写项目七、八。本练习册在编写过程中参考了很多同类习题集与模拟试题，在此一并表示感谢！

由于水平有限，疏漏之处在所难免，恳请读者朋友们不吝赐教。

编　者

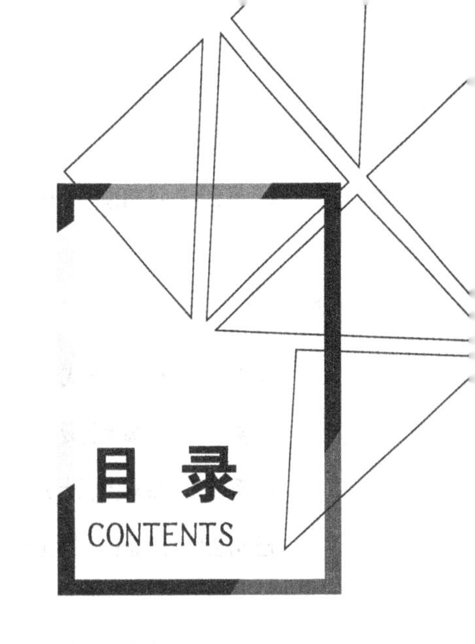

项目一　走近会计 1

任务一　知晓会计的概念、特征和职能 1
任务二　明确会计的对象、目标和任务 3
任务三　熟悉会计核算的内容与要求 4
任务四　理解会计基本假设和会计基础 6
任务五　认知会计方法 10

项目二　填制和审核原始凭证 12

任务一　认知会计凭证 12
任务二　认知原始凭证 13
任务三　掌握取得和填制原始凭证的方法 18
任务四　掌握审核原始凭证的方法 19

项目三　设置会计科目和账户 22

任务一　认知会计要素 22
任务二　理解会计要素之间的平衡关系 27
任务三　认知会计科目 31

任务四 认知账户…… 35

项目四 复式记账…… 40

任务一 认知复式记账法…… 40
任务二 认知借贷记账法…… 41
任务三 掌握会计分录的编制方法…… 47
任务四 熟悉工业企业主要经济业务的核算…… 51

项目五 填制和审核记账凭证…… 65

任务一 认知记账凭证…… 65
任务二 掌握填制记账凭证的方法…… 68
任务三 掌握审核记账凭证的方法…… 79
任务四 熟悉会计凭证的传递与保管…… 80

项目六 登记账簿…… 83

任务一 认知会计账簿…… 83
任务二 认知账务处理程序…… 87
任务三 掌握建立和登记账簿的方法…… 91
任务四 掌握对账的方法…… 98
任务五 掌握错账更正方法…… 100
任务六 掌握结账的方法…… 108
任务七 熟悉会计账簿的更换与保管…… 111

项目七 成本计算…… 114

任务一 认知成本计算…… 114
任务二 掌握材料采购成本的计算方法…… 115
任务三 掌握产品制造成本的计算方法…… 118
任务四 掌握产品销售成本的计算方法…… 122

项目八　财产清查……………………………………………………………… 124

任务一　认知财产清查………………………………………………………… 124

任务二　掌握财产清查的方法………………………………………………… 127

任务三　熟悉财产清查结果的处理…………………………………………… 135

项目九　编制财务报告…………………………………………………………… 141

任务一　认知财务报告………………………………………………………… 141

任务二　掌握资产负债表的编制方法………………………………………… 143

任务三　掌握利润表的编制方法……………………………………………… 150

模拟试题（一）…………………………………………………………………… 159

模拟试题（二）…………………………………………………………………… 167

项目一 走近会计

任务一 知晓会计的概念、特征和职能

一、单项选择题

1. 会计是以货币为主要计量单位，（　　）和（　　）一个单位（　　）的一种经济管理工作。

A. 反映；核算；经济活动　　B. 核算；监督；经济活动

C. 考核；监督；经营活动　　D. 核算；计量；经营活动

2. 下列选项中不属于会计核算三项工作的是（　　）。

A. 查账　　B. 算账　　C. 记账　　D. 报账

3. 下列选项中关于会计的表述中，不正确的是（　　）。

A. 会计对象是特定主体的特定经济活动　　B.会计的主要工作是核算和监督

C. 会计是一项经济管理活动　　D. 货币是会计唯一的计量单位

4. 下列各项中，既属于事后监督，又属于政府监督的是（　　）。

A. 税务局对企业纳税情况进行审查　　B. 注册会计师对企业会计报表进行审查

C. 公司主管部门对年度计划进行审核　　D. 注册会计师对年度报表进行审计

5. 会计的基本职能是（　　）。

A. 会计预测和会计决策　　B. 分析和考核

C. 管理和控制　　D. 会计核算和会计监督

6. 以货币为主要计量单位，通过确认、计量、记录、报告等环节，对特定主体的经济活动进行记账、算账、报账，为各有关方面提供会计信息的功能是（　　）。

A. 会计预测职能　　B. 会计计划职能　　C. 会计监督职能　　D. 会计核算职能

二、多项选择题

1. 下列关于会计的表述中，正确的有（　　）。

A. 会计的基本职能是对经济活动进行核算和监督

B. 企业法人、非法人单位都可以成为会计主体

C. 会计的主要计量单位是货币

D. 会计是一种经济管理活动

2. 现代会计的职能有（　　）。

A. 预测经济前景　　B. 进行会计核算

C. 参与经济决策　　D. 实施会计监督

3. 会计的基本职能是（　　）。

A. 会计决策　　B. 会计核算　　C. 会计预测　　D. 会计监督

4. 下列选项中属于会计核算职能的是（　　）。

A. 将已经记录的经济活动内容进行计算和汇总

B. 编制会计报表提供经济信息

C. 确定经济活动是否应该或能够进行会计处理

D. 审查经济活动是否违背内部控制制度的要求

5. 下列选项中属于会计监督的是（　　）。

A. 事后监督　　B. 事实监督　　C. 事前监督　　D. 事中监督

6. 下列各项中，作为会计核算职能需如实反映的信息有（　　）。

A. 产品成长能力　　B. 财务状况　　C. 经营成果　　D. 现金流量

7. 下列有关会计核算和会计监督的关系表述中，正确的有（　　）。

A. 会计核算是会计监督的前提

B. 会计监督是会计核算的保障

C. 会计监督与会计核算没有什么必然的联系

D. 两者之间密切相关，相辅相成、辩证统一

8. 会计核算的环节包括（　　）。

A. 报告　　B. 记录　　C. 计量　　D. 确认

三、判断题

1. 会计是反映和监督一个单位经济活动的一种经济管理工作。（　　）

2. 经济越发展，会计越重要。（　　）

3. 会计是以货币为主要计量单位，运用一系列专门方法，核算和监督一个单位经济活动的一种经济管理工作。（　　）

4. 会计的职能包括会计核算和会计监督。（　　）

5. 特定主体能够以货币表现的经济活动，都是会计核算和监督的内容。（　　）

6. 会计核算职能是指会计人员在进行会计核算的同时，对特定主体经济活动的真实性、合法性和合理性进行审查的功能。（　　）

7. 会计的基本职能是会计核算和会计监督，其中会计核算是首要职能。（　　）

8. 会计的监督职能是会计人员在进行会计核算之前，对特定主体经济活动的合法性、合理性、完整性等进行审查。（　　）

9. 纠正生产过程中材料支出的预算定额，属于事后监督。（　　）

10. 会计核算所提供的各种信息是会计监督的依据。（　　）

任务二　明确会计的对象、目标和任务

一、单项选择题

1.（　　）是指会计所核算和监督的内容。

A. 会计科目　B. 会计对象　C. 会计职能　D. 会计方法

2. 会计对象是企业、事业单位的（　　）。

A. 资金运动　B. 经济资源　C. 劳动耗费　D. 经济活动

3. 会计核算的具体内容是指特定主体的（　　）。

A. 会计主体　B. 银行存款　C. 货币资金　D. 资金运动

4. 下列各项中，不属于企业资金的循环与周转阶段的是（　　）。

A. 分配过程　B. 生产过程　C. 供应过程　D. 销售过程

二、多项选择题

1. 会计对象是指（　　）。

A. 会计核算和监督的内容　B. 特定单位的经济活动

C. 特定单位的价值活动　D. 特定单位的资金运动

2. 企业的资金运动由各个环节组成，它包括（　　）。

A. 资金投入　B. 资金运用　C. 资金退出　D. 资金增值

3. 下列活动中不需要进行会计核算的有（　　）。

A. 确定企业投资方案　B. 订立经济合同

C. 编订财务收支计划　D. 以实物形式发放职工福利

4. 在工业企业经营过程中，其经营资金的主要变化方式有（　　）。

A. 成品资金转化为货币资金　B. 储备资金转化为生产资金

C. 货币资金转化为储备资金、固定资产　D. 生产资金转化为成品资金

5. 下列各项中属于企业资金退出的有（　　）。

A. 向国家上缴税金　B. 购买原材料

C. 偿还债务　D. 向投资者分配利润

6. 资金循环过程中资金的形态包括（　　）。

A. 货币资金　B. 生产资金　C. 产品资金　D. 储备资金

三、判断题

1. 凡是特定单位能够以货币表现的经济活动，都是会计核算和监督的内容，即会计对象。（　　）

2. 会计核算的内容，是指特定主体的经营活动。（　　）

3. 企业向劳动者支付工资、奖金等劳动报酬时，资金从储备资金形态转向了生产资金形态。（　　）

4. 工业企业的资金运动包括资金筹集、资金循环周转和资金退出，就是工业企业会计的对象。（　　）

5. 会计对象是社会再生产过程中的全部经济活动。（　　）

任务三　熟悉会计核算的内容与要求

一、单项选择题

1. 下列各项中，不属于会计核算具体内容的是（　　）。

A. 收入的计算　　B. 资本的增减

C. 企业计划的制订　　D. 财务成果的计算

2. 将融资租赁的设备作为企业自有的固定资产核算的依据是（　　）。

A. 实质重于形式原则　　B. 重要性原则

C. 谨慎性原则　　D. 客观性原则

3. 下列做法中，符合会计信息质量谨慎性原则的是（　　）。

A. 对应收账款合理计提坏账准备

B. 由于尚未收到销售货款，因此不确认销售收入

C. 对存货进行期末清查

D. 在对固定资产计提减值时，尽可能少地估计其可收回金额，以避免虚增资产

4. 企业对应收账款计提坏账准备符合（　　）。

A. 谨慎性原则　　B. 实质重于形式原则

C. 配比原则　　D. 客观性原则

5. 下列各项会计信息质量要求中，对可靠性起到制约作用的是（　　）。

A. 及时性　　B. 重要性　　C. 谨慎性　　D. 实质重于形式

6. 财政部于（　　）以财会字3号文的形式发布了新的《企业会计准则》。

A. 2006年2月15日　　B. 1993年7月1日

C. 2007年1月1日　　D. 1985年12月1日

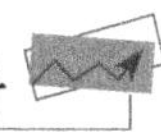

二、多项选择题

1. 会计核算的具体内容包括（　　）。

A. 债权、债务的发生和结算　　B. 财物的收付、增减和使用

C. 资本的增减　　D. 款项和有价证券的收付

2. 下列关于会计核算的一般要求，说法正确的是（　　）。

A. 可以私设账簿　　B. 对所有会计资料建立档案

C. 遵守国家统一的会计制度　　D. 年末要编制财务报告

3. 各单位在进行会计核算时，应符合的一般要求有（　　）。

A. 使用电子计算机进行会计核算，其软件及其生成的会计资料必须符合国家统一会计制度的规定

B. 会计记录的文字只能使用中文

C. 发生的各项经济业务事项应当在依法设置的会计账簿上统一登记核算

D. 必须根据实际发生的经济业务事项进行会计核算

4. 下列关于会计核算的表述中，正确的有（　　）。

A. 会计记录是将确认、计量的经济事项通过一定的方法记载下来的过程

B. 会计确认主要是判断发生的经济活动是否属于会计核算的内容，其归属于哪类性质的经济业务

C. 会计计量解决的主要是具体金额的问题

D. 会计报告主要是将会计确认和计量的结果进行归纳和总结

5. 下列各项中，属于会计核算重要环节的有（　　）。

A. 会计确认　　B. 会计计量　　C. 会计计划　　D. 会计报告

6. 债权债务的发生和结算，关系到企业自身的资金周转。因此，各企业必须（　　）核算本企业的债权债务，防止在债权债务环节发生非法行为。

A. 完整地　　B. 真实地　　C. 及时地　　D. 准确地

7. 在会计核算中，及时性原则是指（　　）。

A. 及时传递会计信息　　B. 及时汇总会计信息

C. 及时处理会计信息　　D. 及时收集会计信息

8. 在有不确定因素的情况下做出判断，下列事项符合谨慎性做法的是（　　）。

A. 合理估计可能发生的损失和费用

B. 在报表中确认预计负债

C. 企业自行研究时，将研究过程中的费用计入无形资产成本

D. 在报表中确认预计收入

9. 某企业2017年12月销售商品一批，增值税发票已经开出，商品已经发出，并办妥托收手续，但此时得知对方企业在一次交易中发生重大损失，财务发生困难，短期内不能支付货款。为此，企业本月未确认收入，这体现了会计核算质量要求的（　　）。

A. 实质重于形式　　B. 相关性

C. 重要性　　D. 谨慎性

三、判断题

1. 融资租入的资产在会计核算上被视为承租企业的资产进行核算，体现了实质重于形式原则。（　　）

2. 承租企业将融资租入的固定资产视为自有固定资产核算，这体现了客观性的要求。（　　）

3. 在会计核算的一般原则中，要求会计指标口径一致，以便不同企业之间进行横向比较的会计原则为可比性原则。（　　）

任务四　理解会计基本假设和会计基础

一、单项选择题

1. 会计核算采用的主要计量单位是（　　）。

A. 时间计量单位　　B. 实物计量单位

C. 货币计量单位　　D. 劳动计量单位

2. 由于有了（　　）假设，才产生了本期和其他期间的差别，从而出现了权责发生制和收付实现制的区别。

A. 持续经营　　B. 会计分期　　C. 会计主体　　D. 配比原则

3. 会计基本假设包括会计主体、（　　）、会计分期和货币计量。

A. 阶段性经营　　B. 生产经营　　C. 持续经营　　D. 持续发展

4. 在会计核算的基础假设中，界定会计核算和会计信息的空间范围的是（　　）。

A. 会计主体　　B. 持续经营　　C. 会计期间　　D. 货币计量

5. 会计上所指的中期，是指（　　）的报告期间。

A. 等于一个完整的会计年度　　B. 半年度

C. 长于一个完整的会计年度　　D. 短于一个完整的会计年度

6. 在会计核算的基本假设中，界定会计核算和会计信息计量尺度的是（　　）。

A. 会计期间　　B. 会计主体　　C. 货币计量　　D. 持续经营

7. 会计主体是指会计所核算和监督的（　　），它界定了从事会计工作和提供会计信息的空间范围。

A. 企业单位　　B. 特定单位或者组织

C. 事业单位　　D. 所有单位

8. 会计分期建立在（　　）基础上。

A. 权益发生制　　B. 会计主体　　C. 货币计量　　D. 持续经营

9. 企业资产以历史成本计价而不以现行成本或清算价格计价，依据的会计基本假设是（　　）。

A. 会计分期　　B. 会计主体　　C. 货币计量　　D. 持续经营

10. 根据《中华人民共和国会计法》，下列关于会计核算中记账本位币的说法中正确的是（　　）。

A. 记账本位币可以随意变动

B. 企业可以随意选用会计核算中的记账本位币

C. 不论什么企业，都必须以人民币为记账本位币

D. 业务收支以人民币以外的货币为主的企业，可以该货币作为记账本位币

11. 持续经营从（　　）上对会计核算进行了有效界定。

A. 空间　　B. 内容　　C. 空间和时间　　D. 时间

12. 下列有关会计主体的表述中，不正确的是（　　）。

A. 会计主体是指会计所核算和监督的特定单位和组织

B. 会计主体就是法律主体

C. 会计主体界定了从事会计工作和提供会计信息的空间范围

D. 由若干具有法人资格的企业组成的企业集团也是会计主体

13. 在可预见的未来，会计主体不会破产清算，资产能按既定用途使用，债务能正常清偿，这种会计假设是（　　）。

A. 会计分期　　B. 会计主体　　C. 货币计量　　D. 持续经营

14. 企业在对会计要素进行计量时，一般应当采用（　　）。

A. 可变现净值　　B. 重置成本　　C. 公允价值　　D. 历史成本

15. 会计主体根据正常的经营方针和既定的经营目标持续经营下去的会计假设是（　　）。

A. 会计主体　　B. 会计分期　　C. 持续经营　　D. 货币计量

16. 甲企业于2013年8月临时租入一套设备用于生产产品，9月支付8、9、10三个月的租金共计90 000元。对该项租金支出正确的处理是（　　）。

A. 全额计入9月的制造成本

B. 全额计入10月的制造成本

C. 全额计入8月的制造成本

D. 按一定的方法分摊计入8、9、10三个月的制造成本

17. 甲公司2017年11月销售A产品一批，货款为55 000元，12月才能收回；11月销售B产品一批，货款15 000元已收讫；11月收回10月赊销乙公司的A产品货款20 000元。按权责发生制原则，甲公司11月的收入应为（　　）元。

A. 75 000　　B. 90 000　　C. 70 000　　D. 35 000

18. 本月银行存款收入总额为80 000元，其中：收回上月应收账款30 000元；本月商品销售货款40 000元；收到押金10 000元。在权责发生制的原则下，本月的收入应为（　　）元。

A. 20 000　　B. 10 000　　C. 70 000　　D. 40 000

19. 企业会计的确认、计量和报告应当以（　　）为基础。

A. 实地盘存制　　B. 实际发生制　　C. 收付实现制　　D. 权责发生制

20. （　　）是与权责发生制相对应的一种会计基础。

A. 实地盘存制　　B. 权责发生制　　C. 应收应付制　　D. 收付实现制

21. 下列不属于权责发生制内容的是（　　）。

A. 凡是本期收到的款项或本期支付的费用，均作为本期收入和费用处理

B. 凡是本期发生的费用，无论款项是否支付，均作为本期费用处理

C. 凡不属于本期的收入和费用，即使款项已经收到或支付，也不作为本期收入和费用处理

D. 凡是本期实现的收入，无论款项是否收到，均作为本期收入处理

22. 根据权责发生制的要求，下列各项中，可以确认为当期收入的是（　　）。

A. 收到客户的合同保证金　　B. 收到客户上期所欠的货款

C. 当期销售，但尚未收到的货款　　D. 预收客户的货款

23. 使各有关会计期间损益的确定更为合理的会计基础是（　　）。

A. 分类制　　B. 现金制　　C. 收付实现制　　D. 权责发生制

24. A公司1月发生下列支出：预付本年度全年保险费2 400元；支付上年第四季度借款利息3 000元（已预提）；支付本月办公费800元。计入本月的费用为（　　）元。

A. 6 200　　B. 3 200　　C. 3 800　　D. 1 000

二、多项选择题

1. 以下有关会计主体的说法中正确的是（　　）。

A. 会计主体与法律主体并非对等概念

B. 会计主体不一定是法人

C. 法人可作为会计主体

D. 会计主体可以是企业的一个分公司

2. 会计核算的基本假设包括（　　）。

A. 持续经营　　B. 会计主体　　C. 会计分期　　D. 货币计量

3. 我国《企业会计准则－基本准则》规定，会计期间分为（　　）。

A. 月度　　B. 季度　　C. 半年度　　D. 年度

4. 下列组织中，可以作为一个会计主体进行会计核算的是（　　）。

A. 企业的销售部门　　B. 独资企业　　A. 分公司　　C. 子公司

5. 下列说法中，正确的是（　　）。

A. 会计主体一定是法律主体

B. 会计主体可以是企业中的一个特定部分，也可以是几个企业组成的企业

C. 会计人员只能核算和监督所在主体的经济业务，不能核算和监督其他主体的经济业务

D. 会计主体假设界定了从事会计工作和提供会计信息的空间范围

6. 下列表述中，正确的有（　　）。

A. 我国企业的会计核算只能以人民币作为记账本位币

B. 会计核算过程中采用货币作为主要计量单位

C. 在境外设立的中国企业向国内报送的财务报告，应当折算为人民币

D. 业务收支以外币为主的单位可以选择某种外币作为记账本位币

7. 企业会计的（ ）应当以权责发生制为基础。

A. 确认 B. 报告 C. 计量 D. 计算

8. 以下说法中，正确的有（ ）。

A. 行政单位会计的确认、计量和报告应当以权责发生制为基础

B. 行政单位会计的确认、计量和报告应当以收付实现制为基础

C. 企业会计的确认、计量和报告应当以权责发生制为基础

D. 企业会计的确认、计量和报告应当以收付实现制为基础

9. 权责发生制原则的要求是（ ）。

A. 凡是本期发生的收入或费用，只要没有实际收到或付出款项，都不作为本期收入或费用处理

B. 本期已经实现的收入无论款项是否收到，都作为本期收入处理

C. 凡是在本期收到和付出的款项，都作为本期收入和费用处理

D. 本期已经发生的费用无论款项是否实际支付，都作为本期费用处理

10. 下列会计处理方法中，符合权责发生制基础的有（ ）。

A. 销售产品的收入只有在收到款项时才予以确认

B. 职工薪酬只能在支付给职工时计入当期费用

C. 产品已销售，货款未收到也应确认收入

D. 本期应付职工薪酬即使本期未付给职工也应计入本期费用

11. 权责发生制原则的要求是（ ）。

A. 本期已经发生的费用无论款项是否实际支付，都作为本期费用处理

B. 本期已经实现的收入无论款项是否收到，都作为本期收入处理

C. 凡是在本期收到和付出的款项，都作为本期收入和费用处理

D. 凡是本期发生的收入或费用，只要没有实际收到或付出款项，都不作为本期收入或费用处理

12. 根据权责发生制原则，下列选项中应计入本期收入和费用的有（ ）。

A. 本期耗用的水电费，尚未支付 B. 预付下一年的报刊费

C. 本期销售商品一批，尚未收款 D. 前期提供劳务未收款，本期收款

13. 收付实现制核算手续简单，但强调财务状况的切实性，不同时期缺乏可比性，所以它主要适用于（ ）。

A. 事业单位 B. 有限责任公司 C. 行政单位 D. 股份有限公司

三、判断题

1. 会计主体就是法律主体。 （ ）

2. 作为一个法人，应当独立反映其财务状况、经营成果和现金流量，因而有必要将每个法人作为一个会计主体进行核算。 （ ）

3. 我国所有的企业都只能以人民币作为记账本位币。 （ ）

4. 持续经营，是对会计核算所处空间环境所做的合理设定。 （ ）

5. 会计主体，是对会计核算所处的空间环境所做的合理设定。 （ ）

6. 会计期间是指会计年度。 （　　）

7. 货币是会计唯一的计量单位。 （　　）

8. 会计在选择货币作为统一计量尺度的同时，要以实物量度和时间量度作为辅助的计量尺度。 （　　）

9. 由于持续经营假设的存在，才产生了本期与其他期间的差异，从而出现了权责发生制和收付实现制两种不同的会计基础。 （　　）

10. 建立持续经营假设的目的是保证企业生产经营活动的正常进行。 （　　）

11. 会计年度即公历年度，通常从某一年的1月1日起，到12月31日为止。 （　　）

12. 没有会计主体，就不会有持续经营；没有持续经营，就不会有会计分期；没有货币计量，就不会有现代会计。 （　　）

13. 折旧和摊销会计处理方法的出现，是基于会计分期假设。 （　　）

14. 如果没有会计核算基本假设，就无法选择正确的核算方法；没有统一的计量标准，就很难及时地将某一特定单位的财务状况、经营成果和现金流量情况准确地体现出来。 （　　）

15. 企业会计核算以人民币为记账本位币，业务收支以人民币以外的货币为主的企业，可以选定这种外币作为记账本位币。 （　　）

16. 持续经营只是一个假定，一旦企业进入清算，就应当改按清算会计处理。 （　　）

17. 企业内部的部门可以视为一个会计主体，但不是法人。 （　　）

18. 我国的行政单位会计一般采用收付实现制，事业单位会计除经营业务可以采用权责发生制以外，其他大部分业务采用收付实现制。 （　　）

19. 权责发生制主要是从空间上规定会计确认的基础。 （　　）

20. 因为收入会引起货币资金的流入，所以在权责发生制下，本期收到的货币资金一定是本期收入。 （　　）

21. 某企业2012年9月发生交通费支出20 000元并取得票据，经过企业内部审批程序，2012年11月完成报销，该笔交通费要确认为2012年9月的费用。 （　　）

22. 由于会计主体权利和责任的划分，从而出现了权责发生制与收付实现制的区别。 （　　）

23. 某企业2012年6月支付租入设备租金150 000元，租入设备用于当年7－12月的生产，那么，150 000元租金应计入当年7－12月的制造成本。 （　　）

任务五　认知会计方法

一、单项选择题

1. 会计核算工作的起点是（　　）。

A. 会计凭证　　B. 会计账簿　　C. 会计分录　　D. 财务报告

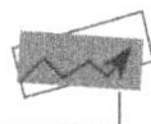

2. 下列项目中，不属于会计核算方法的是（　　）。

A. 编制财务预算　　B. 财产清查　　C. 复式记账　　D. 成本计算

3. 下列项目中，（　　）是连接会计凭证和会计报表的中间环节。

A. 复式记账　　B. 设置和登记账簿

C. 编制会计分录　　D. 设置会计科目和账户

4. 在会计核算过程中，会计处理方法前后各期（　　）。

A. 应当一致，不得随意变更　　B. 应当一致，不得变动

C. 可以任意变动　　D. 可以变动，但须经过批准

5. 保证会计核算系统性的必要措施或专门方法是（　　）。

A. 设立会计科目与账户　　B. 填制和审核会计凭证

C. 登记账簿　　D. 财产清查

6. 下列各项中，不属于会计核算方法的是（　　）。

A. 成本计算　　B. 试算平衡　　C. 财产清查　　D. 设置账户

7. 下列各项中，不属于企业资金循环和周转环节的是（　　）。

A. 分配过程　　B. 供应过程　　C. 生产过程　　D. 销售过程

8. 企业收到某公司支付的款项100 000元，其中60 000元为已经实现的销售，40 000元为预收账款，会计人员确认预收账款为40 000元而不是100 000元，这个确定具体金额的过程属于（　　）。

A. 会计确认　　B. 会计记录　　C. 会计计量　　D. 会计报告

二、多项选择题

1. 各单位必须按照国家统一的会计制度要求，设置会计科目和账户，（　　），进行成本计算、财产清查和编制财务会计报告。

A. 填制会计凭证　　B. 进行复式记账　　C. 登记账簿　　D. 登记会计档案

2. 下列各项中，属于会计所运用的专门方法有（　　）。

A. 成本计算　　B. 编制财务报告　　C. 复式记账　　D. 设置会计科目

项目二 填制和审核原始凭证

任务一 认知会计凭证

一、单项选择题

1.（　　）是记录经济业务、明细经济责任、作为登账依据的书面证明。

A. 会计凭证　　B. 会计报表　　C. 会计要素　　D. 会计账户

2. 关于原始凭证和记账凭证，以下说法中正确的是（　　）。

A. 记账凭证是编制原始凭证的依据

B. 原始凭证是编制记账凭证的依据

C. 记账凭证是记录和证明经济业务发生或完成情况的文字凭据

D. 原始凭证不可以作为登记账簿的依据

3. 可以根据（　　）将会计凭证分为原始凭证和记账凭证两大类。

A. 凭证填制的时间　　B. 凭证填制的程序和用途

C. 凭证所反映的经济内容　　D. 凭证填制的方法

二、多项选择题

1. 下列说法中，正确的有（　　）。

A. 会计凭证具有监督经济活动、控制经济运行的作用

B. 从个人取得的原始凭证，必须有填制人员的签名盖章

C. 外来原始凭证遗失时，只需取得盖有原签发单位公章的证明，即可代替原始凭证

D. 已预先印有编号的原始凭证写坏时，不需进行任何处理，但不得撕毁

2. 会计凭证按照其填制程序和作用不同，可分为（　　）两大类。

A. 原始凭证　　B. 记账凭证　　C. 单式凭证　　D. 复式凭证

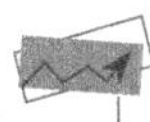

三、判断题

1. 会计凭证是会计核算的唯一方法。（　　）
2. 会计凭证又称为销售发票。（　　）
3. 填制会计凭证是会计核算的方法之一，也是会计核算工作的起始环节。（　　）
4. 凭证中最具法律效力的是记账凭证。（　　）
5. 原始凭证和记账凭证都是具有法律效力的证明文件。（　　）

任务二　认知原始凭证

一、单项选择题

1. 原始凭证是由（　　）取得或填制的。
   A. 出纳人员　B. 会计主管
   C. 业务经办单位或人员　D. 总账会计
2. 下列选项中不能作为会计核算原始凭证的是（　　）。
   A. 发票　B. 入库单　C. 领料单　D. 合同书
3. 材料耗用汇总表是一种（　　）。
   A. 累计凭证　B. 活页账　C. 原始凭证汇总表　D. 一次凭证
4. 下列会计凭证中，只需反映价值的是（　　）。
   A. 工资费用分配表　B. 限额领料单　C. 账存实存对比表　D. 材料入库单
5. 下列选项中属于原始凭证的是（　　）。
   A. 记账凭证　B. 付款凭证　C. 转账凭证　D. 工资单
6. 原始凭证按（　　）分类，分为一次凭证、累计凭证等类。
   A. 填制方式　B. 填制程序及内容　C. 用途和填制程序　D. 形成来源
7. 下列关于原始凭证分类的表述中，不正确的是（　　）。
   A. 按照格式的不同，分为通用原始凭证和专用原始凭证
   B. 按照填制方法的不同，分为外来原始凭证和自制原始凭证
   C. 按照来源的不同，分为外来原始凭证和自制原始凭证
   D. 按照填制手续及内容不同，分为一次原始凭证、累计原始凭证和汇总原始凭证
8. 下列选项中属于累计凭证的是（　　）。
   A. 货物销售发票　B. 限额领料单　C. 差旅费报销单　D. 材料领料单
9. 在一定时期内，多次记录发生的同类型经济业务的原始凭证是（　　）。
   A. 累计凭证　B. 汇总凭证　C. 通用凭证　D. 一次凭证

10. 下列各项中，不属于原始凭证的是（　　）。

A. 固定资产卡片　B. 借据　C. 运费结算凭证　D. 销货发票

11. 经济业务发生和完成时取得或填制的凭证是（　　）。

A. 收款凭证　B. 转账凭证　C. 原始凭证　D. 付款凭证

12. 下列关于仓库保管人员填制的收料单性质的描述中，正确的是（　　）。

A. 收料单是企业的累计原始凭证　B. 收料单是企业的外来原始凭证

C. 收料单是企业的自制原始凭证　D. 收料单是企业的汇总原始凭证

13. 下列选项中属于原始凭证的是（　　）。

A. 银行对账单　B. 购货合同　C. 生产计划　D. 增值税专用发票

14. 原始凭证作为编制记账凭证的依据，应办理完毕的会计手续是（　　）。

A. 填制、取得并经有关人员审核签章　B. 填制完毕

C. 填制或取得　D. 填制、取得并经内部审计人员审核

15. 下列各项中，不属于原始凭证要素的是（　　）。

A. 经济业务内容　B. 原始凭证附件

C. 经济业务发生日期　D. 会计人员记账标记

16. 下列各项中，符合原始凭证填制要求的是（　　）。

A. 对外开出的原始凭证，可以没公章，但必须有经办人员的签名或盖章

B. 从外单位取得的原始凭证，可以没公章，但必须有经办人员的签名或盖章

C. 原始凭证发生的错误，应该由出具单位在原始凭证上更正

D. 币种符号与金额数字之间不得留有空白

17. 1 008.00元的大写金额是（　　）。

A. 壹仟零零捌元整　B. 壹仟零捌元　C. 壹仟零捌元零分　D. 壹仟零捌元整

18. 原始凭证金额有错误的，应当由出具单位（　　）。

A. 重开　B. 红字冲销　C. 划线更正　D. 补充登记

19. 下列关于原始凭证填制的说法中，错误的是（　　）。

A. 需要填一式数联的凭证，各联内容应当相同

B. 对外开出的原始凭证必须加盖本单位公章

C. 原始凭证在填写的时候可以将错误凭证撕毁，重新编制一张

D. 凭证填写的手续必须完备，符合内部填制要求

20. 下列关于￥30 010.06的大写写法中，正确的是（　　）。

A. 人民币叁万零壹拾元零陆分　B. 人民币三万零十元六分

C. 人民币三万零十元六分整　D. 人民币叁万零拾元陆分整

21. 下列关于“人民币捌仟元零伍分”的小写金额的表述中，正确的是（　　）。

A. ￥（空白）8 000.05　B. ￥8 000.05

C. ￥8 000.5　D. 8 000.05

22. 填制原始凭证时应做到大小写数字符合规范、填写正确。如大写金额“壹仟零壹元伍角整”，其小写应为（　　）。

A. ￥（空白）1 001.5　　　　B. 1 001.50元

C. ￥1 001.50元　　　　D. ￥1 001.50

23. 填制原始凭证时应做到大小写数字符合规范，填写正确，如小写金额￥40 001.50在填写发货票上大写金额时，应书写为（　　）。

A. 四万零一元伍角整　　　　B. 肆万零壹元伍角

C. 肆万零壹元伍角整　　　　D. 肆万零壹元零伍角整

24. 下列原始凭证上的数字书写错误的是（　　）。

A. ￥3 409.80，汉字大写金额为人民币叁仟肆佰零玖元捌角整

B. ￥1 580.56，汉字大写金额为人民币壹仟伍佰捌拾元伍角陆分

C. ￥2 580.56，汉字大写金额为人民币贰仟伍佰捌拾元零伍角陆分

D. ￥3 005.14，汉字大写金额为叁仟零伍元壹角肆分整

二、多项选择题

1. 原始凭证按其填制的方法不同，可分为（　　）。

A. 一次凭证

B. 累计凭证

C. 收款凭证

D. 原始凭证汇总表（或汇总原始凭证）

2. 能作为原始凭证核算的有（　　）。

A. 制造费用分配表　　　　B. 现金盘点报告表

C. 银行存款余额调节表　　　　D. 发料凭证汇总表

3. 下列关于汇总凭证与累计凭证的说法中，正确的是（　　）。

A. 工资汇总表是累计凭证

B. 通常都是自制原始凭证

C. 汇总凭证可以简化核算手续

D. 累计凭证可以随时计算发生额累计数

4. 下列不属于通用凭证的是（　　）。

A. 差旅费报销单　　　　B. 折旧计算表

C. 增值税专用发票　　　　D. 工资结算单

5. 下列选项中属于原始凭证的是（　　）。

A. 收料单　　B. 银行对账单　　C. 收据　　D. 发票

6. 下列关于一次凭证的说法中，正确的有（　　）。

A. 一次凭证是指一次填制完成，只记录一笔经济业务的原始凭证

B. 并非所有外来原始凭证都属于一次凭证

C. 大部分的自制原始凭证都属于一次凭证

D. 一次凭证是一次有效的凭证

7. 发生销货退回的，涉及的原始凭证有（　　）。

A. 退货发票　　B. 收款收据　　C. 入库单　　D. 退货验收证明

8. 下列选项中属于自制原始凭证的有（　　）。

A. 发票　　B. 收料单

C. 发货单　　D. 领料单

9. 下列关于原始凭证的表述中，正确的有（　　）。

A. 材料请购单、购销合同都不能作为原始凭证

B. 银行统一制定的结算凭证属于专用原始凭证

C. 它是登记账簿的直接依据

D. 它能反映经济业务的原貌

10. 下列选项中，属于一次凭证的原始凭证的有（　　）。

A. 产品入库单　　B. 收料单

C. 限额领料单　　D. 购货发票

11. 下列关于累计凭证的说法中，正确的有（　　）。

A. 累计凭证是多次有效的原始凭证

B. 累计凭证的特点是在一张凭证内可以连续登记相同性质的经济业务，随时结出累计数和结余数，并按照费用限额进行费用控制，期末按实际发生额记账

C. 累计凭证是指在一定期间内多次记录发生的同类经济业务的原始凭证

D. 报销人员填制的，出纳人员据以付款的“报销凭单”属于累计凭证

12. 下列各项中，属于计算计时工资的原始记录的有（　　）。

A. 考勤记录　　B. 产量记录

C. 病假证明　　D. 工资卡

13. 下列关于购买实物的原始凭证的表述中，正确的有（　　）。

A. 实物验收工程由经管实物的人员负责办理

B. 会计人员通过有关的原始凭证进行监督检查

C. 必须有验收证明

D. 需要入库实物，必须填写入库验收单，由实物保管人员验收后在入库单上如实填写实收数额，并加盖公章

14. 下列选项中可作为原始凭证的有（　　）。

A. 实存账存对比表　　B. 库存现金盘点报告表

C. 结算款项核对登记表　　D. 未达账项登记表

15. 下列选项中属于外来原始凭证的有（　　）。

A. 购货取得的发票　　B. 收取现金后的收据

C. 收料单　　D. 报销差旅费的住宿费单据

16. 下列选项中属于原始凭证要素的是（　　）。

A. 单据的名称及编号

B. 经济业务的内容

C. 经济业务所涉及的财物、数量、单位、单价和金额

D. 接受凭证单位的名称

17. 原始凭证的填制要求是（　　）。

A. 书写要清楚、规范　　B. 内容真实、完整

C. 不得涂改、刮擦、挖补　　D. 手续完备，编号要连续

18. 下列选项中属于原始凭证填制要求的有（　　）。

A. 有大小写的原始凭证，大小写必须相等

B. 原始凭证的填制要及时

C. 原始凭证都必须加盖单位公章

D. 原始凭证的书写要规范

三、判断题

1. 原始凭证可以由非财会部门和人员填制，但记账凭证只能由财会部门和人员填制。（　　）

2. 自制原始凭证都是一次凭证，外来原始凭证绝大多数是一次凭证。（　　）

3. 一张累计凭证可连续记录所发生的经济业务。（　　）

4. 采用累计原始凭证可以减少凭证的数量和记账的次数。（　　）

5. 一次凭证是一次有效的凭证。（　　）

6. 通用凭证即专用凭证。（　　）

7. 自制原始凭证是由本单位内部经办业务的部门和人员自行填制的原始凭证。（　　）

8. 填制记账凭证时，错误的做法是将若干张不同内容和类别的原始凭证汇总填制在一张记账凭证上。（　　）

9. 自制原始凭证的填制，都应由会计人员填写，以保持原始凭证填制的正确性。（　　）

10. 原始凭证是编制记账凭证的依据，是会计核算最基础的原始资料。（　　）

11. 原始凭证是登记明细分类账的依据，记账凭证是登记总分类账的依据。（　　）

12. 银行存款余额调节表不能作为调整账簿的原始凭证，故不是会计档案，不需要保存。（　　）

13. 原始凭证要按规定填写，文字要简洁，字迹要清楚、易于辨认，大写金额不得使用简体汉字。（　　）

14. 如果原始凭证已预先印定编号，作废时，应撕毁重写。（　　）

15. 企业从外单位取得的原始凭证，必须有填制单位的公章；从个人取得的原始凭证，必须有填制人员的签名或盖章。（　　）

16. 原始凭证中阿拉伯数字前写有币种符号的，金额数字后无须再写货币单位。（　　）

17. 在签发支票时，￥5 200.05的汉字大写金额应写成“伍仟贰佰元伍分”。（　　）

18. 原始凭证所有大写金额到元、角或分为止的，后面要写“整”或“正”字。（　　）

19. 会计凭证上填写的“人民币”字样或符号“￥”与汉字大写金额数字或阿拉伯金额数字之间应留空白。（　　）

20. 填制原始凭证，汉字大写金额数字一律用正楷或草书书写。（　　）

21. 单位自制的原始凭证必须有经办单位领导人或者其他指定人员的签名盖章；对外开出的原始凭证必须加盖本单位公章；从外部取得的原始凭证，必须盖有填制单位的公章；

从个人取得的原始凭证，必须有填制人员的签名盖章。 （　　）

22. 作废的原始凭证在加盖“作废”戳记后应妥善保管。 （　　）

23. 出纳人员应直接依据有关收款和付款业务的原始凭证来收、付款项。 （　　）

任务三　掌握取得和填制原始凭证的方法

一、综合题

1. 2017年6月，二车间（主任：张山，领料员：王五）核定生产甲产品所耗用的A型圆钢（保管员：韩六）的领用限额为800千克，每千克A型圆钢的单价为6元。该月生产甲产品，由生产计划部门下达限额领料单，车间在该月之内领用A型圆钢的情况如下：

6月1日，二车间申请领用300千克，仓库如数发料。

6月9日，二车间申请领用200千克，仓库如数发料。

6月21日，二车间申请领用200千克，仓库如数发料。

6月28日，二车间申请领用80千克，仓库如数发料。

要求：根据上述经济业务描述，将表2-1原始凭证补充完整。

表2-1　限额领料单

限 额 领 料 单

材料编号：1022　　　　年　　月　　　　No：0025761

领料单位：　　　　用途：　　　　计划产量：200件　　　　消耗定额：4千克/件

材料名称	材料规格	计量单位	单价	全月领用限额	全月实领	
					数量	金额

年		请领		实发			退库		限额结余
月	日	数量	领料单位负责人	数量	发料人	领料人	数量	退库号	
合计									

生产计划部门负责人：李季　　供应部门负责人：郑笑　　仓库主管：王冬青　　材料核算员：实训者

2. 2017年12月4日，兴云有限公司（税务登记证号：200112300223300，地址：A市北京路18号，电话：07668856123，开户行：中国工商银行城区支行，账号：1006623888，会计：王珊，出纳：李丹，主管：李阳）向阳光贸易公司（税务登记证号：300212300228866，

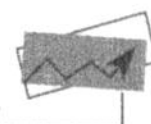

地址：A市南阳路20号，电话：07668853216，开户行：中国银行城北支行，账号：3506623666）销售A产品200件，单价630元，B产品200件，单价400元；双方均为增值税一般纳税人，税率17%。要求：将表2-2原始凭证补充完整。

表2-2 增值税专用发票

广东增值税专用发票

№ 02626756

此联不作报销、扣税凭证使用　　开票日期　　年　　月　　日

<table>
<tr><td>购货单位</td><td colspan="4">名　　称：
纳税人识别号：
地 址 、电 话：
开户行及账号：</td><td>密码区</td><td colspan="3">（略）</td></tr>
<tr><td colspan="2">货物或应税劳务名称</td><td>规格型号</td><td>单位</td><td>数量</td><td>单价</td><td>金额</td><td>税率</td><td>税额</td></tr>
<tr><td colspan="2">合　　计</td><td></td><td></td><td></td><td></td><td></td><td></td><td></td></tr>
<tr><td colspan="2">价税合计（大写）</td><td colspan="7">（小写）</td></tr>
<tr><td>销货单位</td><td colspan="4">名　　称：
纳税人识别号：
地 址 、电 话：
开户行及账号：</td><td>备注</td><td colspan="3"></td></tr>
</table>

收款人：　　复核：　　开票人：　　销货单位（章）

第一联 记账联 销货方记账凭证

任务四 掌握审核原始凭证的方法

一、单项选择题

1. 对于填制不正确、不完整和手续不完备的原始凭证，应该（　　）。

A. 予以退回，要求更正、补充，或者重新填制

B. 拒绝办理

C. 拒绝接收

D. 由会计人员重新填制

2. 某企业购买一批材料，会计人员在审核原始凭证时，发现凭证上的单价和金额数字有涂改痕迹，且材料单价明显高于市场价格。该凭证应当属于（　　）。

A. 变造的原始凭证　　B. 不完整的原始凭证

C. 伪造的原始凭证　　D. 不准确的原始凭证

3. 在审核原始凭证时，对于内容不完整、填写有错误或手续不完备的原始凭证，应该（　　）。

A. 拒绝办理，并向本单位负责人报告

B. 予以抵制，对经办人员进行批评

C. 予以退回，要求更正、补充，或者重新编制

D. 由会计人员重新编制或予以更正

4. 会计人员在审核原始凭证时发现有一张外来原始凭证金额出现错误，其正确的更正方法是（　　）。

A. 由出具单位更正，并在更正处加盖公章

B. 由经办人员更正，并报单位负责人批准

C. 由出具单位重新开具

D. 由审核人员更正，并报会计机构负责人审批

5. 在审核原始凭证时，对于内容不完整、填制有错误或手续不完备的原始凭证的处理方法的表述中，正确的是（　　）。

A. 拒绝办理，并向本单位负责人报告　　B. 予以退回，要求补办手续、更正

C. 予以抵制，对经办人员进行批评　　D. 由会计人员重新填制或予以更正

二、多项选择题

1. 审核原始凭证时正确的做法是（　　）。

A. 对于真实、合理、合法，但填写金额有错的，应退回要求原单位重开

B. 对于真实、合理、合法，但内容不完整的，应退回由有关经办人补办手续

C. 对于不真实、不合法的，会计人员应拒绝办理，并向负责人报告

D. 对于真实、合理，但填写金额有错误的，应退回由原单位更正并盖章

2. 原始凭证的审核内容主要包括（　　）等。

A. 合理性　　B. 合法性　　C. 真实性　　D. 有用性

3. 对于（　　）的原始凭证，会计机构、人员应当予以接收。

A. 合理　　B. 合法　　C. 虽不合法但真实　　D. 真实

4. 对原始凭证进行审核是确保会计资料质量的重要措施之一，会计机构、会计人员应当对原始凭证的（　　）性进行审核。

A. 合法　　B. 真实　　C. 完整　　D. 准确

5. 对经审核有误的原始凭证，正确的处理方法有（　　）。

A. 由出具单位重开或更正

B. 金额错误的，可由出具单位在原始凭证上更正

C. 金额错误的，应当由出具单位重开

D. 由本单位的会计人员代为更正

6. 关于原始凭证的审核，下列表述中正确的有（　　）。

A. 自制原始凭证必须有经办部门和经办人员的签名或盖章

B. 对于不真实、不合法的原始凭证，会计机构和会计人员有权不予接收，并向单位

负责人报告

C. 外来原始凭证必须有填制单位公章和填制人员的签章

D. 审核原始凭证所记录的经济业务是否符合企业生产经营活动的需要，是否符合有关计划和预算等

7. 对于原始凭证发生的错误，正确的更正方法是（　　）。

A. 由本单位的会计人员代为更正

B. 金额发生错误的，可由出具单位在原始凭证上更正

C. 由出具单位重开或更正，并在更正处加盖出具凭证单位印章

D. 金额发生错误的，应当由出具单位重开

8. 下列各项中，属于原始凭证真实性的审核内容的有（　　）。

A. 原始凭证日期、业务内容、数据是否真实

B. 外来原始凭证，必须有填制单位公章和填制人员签章

C. 所记录的经济业务中是否有违反国家法律法规问题

D. 自制原始凭证，必须有经办部门和经办人员的签章

三、判断题

1. 对于金额有错误的原始凭证，要求由出具单位重开或更正，更正处应当加盖出具单位印章。（　　）

2. 原始凭证有错误的，不得在原始凭证上更正。（　　）

3. 对不真实、不合法的原始凭证，会计人员有权不予接收；对记载不准确、不完整的原始凭证，会计人员有权要求其重填。（　　）

4. 对于真实、合法、合理但内容不够完整、填写有错误的原始凭证，应由会计人员更正错误并盖章后，再办理正式手续。（　　）

5. 对于真实、合法、合理但内容不够完善、填写有错误的原始凭证，会计机构和会计人员不予接收。（　　）

6. 原始凭证的审核内容主要包括：真实性、合法性、合理性、完整性。（　　）

项目三　设置会计科目和账户

任务一　认知会计要素

一、单项选择题

1. 会计要素是对（　　）进行基本分类，是会计对象的具体化。

A. 资产　　B. 权益　　C. 会计科目　　D. 会计对象

2. 下列资产中，属于企业流动资产的是（　　）。

A. 专利权　　B. 厂房　　C. 机器设备　　D. 存货

3. 反映企业经营成果的会计要素是（　　）。

A. 收入、资产和负债　　B. 收入、费用和利润

C. 资产、负债和利润　　D. 资产、负债和所有者权益

4. 反映企业财务状况的会计要素是（　　）。

A. 资产、负债和利润　　B. 资产、负债和所有者权益

C. 收入、费用和利润　　D. 收入、资产和负债

5. 下列选项中不属于流动负债的是（　　）。

A. 应付债券　　B. 应付股利　　C. 应付票据　　D. 应付账款

6. 下列关于会计要素的表述中，正确的是（　　）。

A. 负债是企业承担的潜在义务

B. 资产预期能给企业带来经济利益

C. 收入是导致所有者权益增加的经济利益的总流入

D. 利润是企业一定期间内收入减去费用后的净额

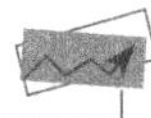

7.（　　）是指过去的交易，事项形成并由企业拥有或者控制的资源，该资源预期会给企业带来经济利益。

A. 负债　　B. 资产　　C. 收入　　D. 所有者权益

8. 下列选项中，关于资产的叙述不正确的是（　　）。

A. 是过去的交易或事项形成的　　B. 必须能为企业带来经济利益的流入

C. 预期会给企业带来经济利益　　D. 由企业拥有或控制

9. 所有者权益是所有者对企业（　　）的剩余索取权。

A. 债务　　B. 股本　　C. 债权　　D. 资产

10.（　　）是指企业在日常活动中所形成的、会导致所有者权益增加的、与所有者投入资本无关的经济利益的总流入。

A. 收入　　B. 支出　　C. 利润　　D. 成本

11. 负债的形成一定是由于（　　）。

A. 过去的交易、事项形成的现时义务　　B. 现在的交易、事项形成的未来义务

C. 过去的交易、事项形成的未来义务　　D. 现在的交易、事项形成的现时义务

12. 下列选项中不属于所有者权益的是（　　）。

A. 盈余公积　　B. 资本公积　　C. 实收资本　　D. 主营业务收入

13. 下列关于所有者权益的说法中，不正确的是（　　）。

A. 所有者权益就是实收资本（或股本）

B. 所有者权益是一种剩余权益

C. 所有者权益在数量上等于资产减去负债后的余额

D. 收入的增加会导致所有者权益的增加

14. 下列关于利润的表述中，正确的是（　　）。

A. 利润是企业在一定会计期间的经营成果

B. 利润等于收入减去费用的净额

C. 利润的增加表明企业收入的增加，负债的减少

D. 利润的确认只能依赖于收入和费用

15. 下列关于收入和利得的表述中，正确的是（　　）。

A. 收入会导致经济利益的流入，利得不一定会导致经济利益的流入

B. 收入源于日常活动，利得源于非日常活动

C. 收入会导致所有者权益的增加，利得不一定会导致所有者权益的增加

D. 收入会影响企业的利润，利得不一定会影响企业的利润

16. 按其来源分，工业企业对外提供运输服务取得的收入属于（　　）。

A. 销售商品收入　　B. 提供劳务收入

C. 出售无形资产收入　　D. 让渡资产使用权收入

17. 在当前的市场条件下，购买相同或者相似资产所需支付的现金或者现金等价物的金额计量的会计计量属性是（　　）。

A. 历史成本　　B. 重置成本　　C. 公允现值　　D. 现值

18. 企业在对会计要素进行计量时，一般应当采用（　　）。

A. 现值　　B. 公允价值　　C. 历史成本　　D. 重置成本

二、多项选择题

1. 下列选项中属于会计要素的是（　　）。

A. 负债　　B. 费用　　C. 固定资产　　D. 资产

2. 下列选项中属于资产特征的有（　　）。

A. 资产预期能够给企业带来未来经济利益

B. 资产是企业拥有或控制的

C. 资产是由于过去或现在的交易或事项所形成的

D. 资产一定具有具体的实物形态

3. 收入可能引起企业（　　）。

A. 所有者权益增加　　B. 资产增加　　C. 负债增加　　D. 负债减少

4. 所有者权益包括（　　）等。

A. 资本公积　　B. 长期股权投资　　C. 未分配利润　　D. 实收资本

5. 资产可分为（　　）。

A. 流动资产　　B. 非流动资产　　C. 流动负债　　D. 非流动负债

6. 下列选项中属于企业资产的是（　　）。

A. 盈余公积　　B. 固定资产　　C. 银行存款　　D. 应收票据

7. 关于费用的说法中，正确的是（　　）。

A. 费用会导致经济利益流出，该流出包括向所有者分配的利润

B. 费用应当最终导致所有者权益减少

C. 费用是企业在日常活动中发生的

D. 费用会导致经济利益流出，该流出不包括向所有者分配的利润

8. 下列选项中属于负债类要素的有（　　）。

A. 应交税费　　B. 预付账款　　C. 预收账款　　D. 短期借款

9. 会计计量属性包括历史成本和（　　）。

A. 公允价值　　B. 现值　　C. 可变现净值　　D. 重置成本

三、判断题

1. 会计要素是对会计对象的基本分类。（　　）

2. 收入主要是由日常经济活动所产生的，而不是从偶发的交易或事项中产生的。（　　）

3. 资产就是企业经济活动中形成的会给企业带来经济利益的资源。（　　）

4. 费用会导致所有者权益的减少。（　　）

5. 资产是指现在的交易或事项形成的，并由企业拥有或者控制的资源。（　　）

6. 收入会导致所有者权益的增加。（　　）

7. 利润是指企业在某一特定时点的经营成果。（　　）

8. 收入是指企业在日常活动中形成的、会导致所有者权益增加的、与所有者投入资本无关的经济利益总流入。（　　）

9. 企业拥有或控制的经济资源就是企业的资产。（　）

10. 企业无论是现时承担的义务，还是未来将要承担的义务，都应该称为负债。（　）

11. 收入是企业非日常活动中形成的。（　）

12. 我国《企业会计准则——基本准则》中规定历史成本为会计要素计量的唯一属性。（　）

四、综合题

1. 将表3-1中的项目按会计要素的具体类别以√号填入相应的空格内。

表3-1　会计要素分类

序号	项　目	流动资产	非流动资产	流动负债	非流动负债	所有者权益
1	生产车间使用的机器设备200 000元					
2	存在银行的款项126 000元					
3	应付光明工厂的款项45 000元					
4	某企业投入的资本520 000元					
5	尚未交的税费7 000元					
6	财会部门库存现金500元					
7	应收东风工厂货款23 000元					
8	库存生产用A材料147 500元					
9	运输用的车60 000元					
10	管理部门使用的电脑30 000元					
11	出借包装物收取的押金1 000元					
12	某投资人投入的资本304 500元					
13	暂借采购员差旅费3 000元					
14	预收黄河工厂购货款4 000元					
15	向银行借入5个月的借款100 000元					
16	生产用的厂房270 000元					
17	企业提取的盈余公积金16 400元					
18	库存机器用润滑油1 900元					
19	本月实现的利润40 000元					
20	已完工入库的产成品54 000元					
21	甲产品的专利权25 000元					
22	预付经纬公司货款200 000元					
23	计算应付给股东的现金股利1 000 000元					
24	产品的商标权100 000元					
25	购买A公司股票1 000 000元，8个月出售					
26	正在建设的工程项目					
27	向银行借入期限两年的借款5 000 000元					
28	计算职工奖金200 000元					
29	入库的半成品100 000元					
30	计算应交的增值税金30 000元					
31	计算应收的利息20 000元					
32	购买B公司的股票，3年后出售					
33	支付C公司包装物的押金800元					

2. 请指出下列项目中哪些属于资产（流动资产或非流动资产及具体项目名称），哪些属于负债（流动负债或非流动负债及具体项目名称），哪些属于所有者权益及具体项目名称，哪些属于收入、利得、费用、损失、利润及具体项目名称。

例如：向银行借入期限两年的借款5 000 000元。（负债——非流动负债——长期借款）

（1）库存A材料100吨，价值250 000元。（　　　　　　　　　）

（2）欠东方公司原材料货款120 000元。（　　　　　　　　　）

（3）投资者甲交入资本为1 500 000元。（　　　　　　　　　）

（4）向银行贷款4 000 000元，两年后偿还。（　　　　　　　　　）

（5）产品的销售收入6 000 000元。（　　　　　　　　　）

（6）购买办公用品的费用600元。（　　　　　　　　　）

（7）厂房4栋，价值800 000元。（　　　　　　　　　）

（8）甲产品的专利权，价值50 000元。（　　　　　　　　　）

（9）罚款收入3 000元。（　　　　　　　　　）

（10）银行手续费用5 000元。（　　　　　　　　　）

（11）仓库租金收入4 000元。（　　　　　　　　　）

（12）从税后利润中提取的盈余公积金100 000元。（　　　　　　　　　）

（13）尚未收回的销货款20 000元。（　　　　　　　　　）

（14）出售原材料收入5 000元。（　　　　　　　　　）

（15）运输车辆10辆，价值1 000 000元。（　　　　　　　　　）

（16）罚款支出100 000元。（　　　　　　　　　）

（17）库存产成品，价值500 000元。（　　　　　　　　　）

（18）土地使用权，价值2 000 000元。（　　　　　　　　　）

（19）支付产品广告费用200 000元。（　　　　　　　　　）

（20）向银行贷款3个月，金额为300 000元。（　　　　　　　　　）

（21）购买长江公司股票2 000 000元，计划3个月内售出。（　　　　　　　　　）

（22）发行两年期公司债券10 000 000元。（　　　　　　　　　）

（23）公司3月营业利润3 000 000元。（　　　　　　　　　）

（24）预收A公司货款50 000元。（　　　　　　　　　）

（25）预付B公司材料款80 000元。（　　　　　　　　　）

（26）资本溢价收入1 000 000元。（　　　　　　　　　）

（27）企业借给职工差旅费用8 000元。（　　　　　　　　　）

（28）收到4月仓库租金10 000元。（　　　　　　　　　）

（29）计算支付职工工资300 000元。（　　　　　　　　　）

（30）5月应交的税金为30 000元。（　　　　　　　　　）

任务二　理解会计要素之间的平衡关系

一、单项选择题

1. 某企业在一定会计期间的利润是3 000 000元，费用是2 500 000元，则收入是（　　）。

A. 5 500 000元　　B. 2 500 000元　　C. 5 000 000元　　D. 3 000 000元

2. 某企业的期初负债是2 000 000元，所有者权益是7 000 000元，期间接收所有者投入的资本3 000 000元，则期末资产是（　　）。

A. 9 000 000元　　B. 12 000 000元　　C. 2 000 000元　　D. 7 000 000元

3. 反映企业财务状况的会计要素是（　　）。

A. 收入、资产和负债　　B. 资产、负债和所有者权益

C. 收入、费用和利润　　D. 资产、负债和利润

4. 某企业在2016年12月31日的资产总额为53 000 000元，负债总额为41 000 000元，则所有者权益为（　　）元。

A. 12 000 000　　B. 94 000 000　　C. 30 000 000　　D. 25 000 000

5. 某企业资产总额是4 000 000元，负债2 000 000元，在用银行存款偿还负债600 000元后，又用银行存款购买固定资产1 200 000元，则目前的资产总额是（　　）元。

A. 1 000 000　　B. 5 200 000　　C. 3 400 000　　D. 4 600 000

6. 某企业9月初的资产总额为120 000元，负债总额为50 000元。9月取得收入共计56 000元，发生费用共计36 000元，则9月末该企业的所有者权益总额为（　　）元。

A. 70 000　　B. 20 000　　C. 90 000　　D. 170 000

7.（　　）是反映会计要素之间平衡关系的计算公式，它是制定各项会计核算方法的理论基础。

A. 资产等于权益　　B. 资产等于所有者权益

C. 资产等于负债加权益　　D. 资产等于负债

8. 资产恒等于（　　）之和。

A. 负债和所有者权益　　B. 所有者权益

C. 负债和权益　　D. 负债

9. 某企业2016年3月初资产总额为5 000 000元，3月发生以下经济业务：向银行借款500 000元；归还800 000元的欠款；用银行存款购买400 000元的原材料。3月31日，该企业资产总额为（　　）元。

A. 5 100 000　　B. 4 700 000　　C. 5 000 000　　D. 5 700 000

10. 某企业期初资产总额为468 000元，负债总额为210 000元，以银行存款归还长期借款100 000元后，企业的所有者权益是（　　）元。

A. 368 000　　B. 410 000　　C. 258 000　　D. 158 000

11. 向银行借款购买原材料，属于（　　）。
A. 一项资产和一项负债同时减少
B. 一项资产和一项所有者权益同时增加
C. 一项资产增加，另一项资产减少
D. 一项资产和一项负债同时增加

12. 经批准用盈余公积转增资本，属于（　　）。
A. 一项资产增加，另一项资产减少
B. 一项负债增加，另一项负债减少
C. 一项所有者权益增加，一项所有者权益减少
D. 一项资产和一项负债同时减少

13. 收到甲公司投资的一台机器设备，属于（　　）。
A. 一项资产增加，另一项资产减少　B. 一项负债增加，另一项负债减少
C. 一项资产和一项所有者权益同时增加　D. 一项资产和一项负债同时减少

14. 下列经济业务中，会引起资产与负债同时增加的业务是（　　）。
A. 从银行提取现金　B. 从银行取得短期借款
C. 用银行存款偿还应付货款　D. 接收投资人的投资

15. 某企业向银行借款1 000 000元用于偿还前欠单位货款，该项经济业务将引起企业（　　）。
A. 负债总额不变　B. 负债增加1 000 000元
C. 资产增加1 000 000元　D. 资产与负债同时增加1 000 000元

16. 企业以银行存款偿还债务，表现为（　　）。
A. 一项资产增加，另一项资产减少　B. 一项负债增加，另一项负债减少
C. 一项资产减少，一项负债增加　D. 一项资产减少，一项负债减少

17. 下列经济业务中，能够使企业资产总额减少的是（　　）。
A. 向银行借款直接偿还应付账款　B. 向银行借款存入开户银行
C. 接受投资者投入的现金　D. 以银行存款偿还借款

18. 下列经济业务中会引起资产类项目和负债类项目同时减少的是（　　）。
A. 接收投资者投入的现金资产　B. 从银行提取现金
C. 用银行存款归还企业的短期借款　D. 赊购原材料

19. 下列经济业务中，引起资产和权益同时减少的是（　　）。
A. 向银行借款直接偿还应付账款　B. 以银行存款偿还应付账款
C. 购买材料货款暂未支付　D. 收到投资者投入设备

二、多项选择题

1. “资产＝负债＋所有者权益”是（　　）的理论基础。
A. 编制现金流量表　B. 编制利润表
C. 复式记账　D. 编制资产负债表

2. 企业取得收入会引起（　　）。
A. 负债的增加　B. 资产的减少　C. 资产的增加　D. 负债的减少

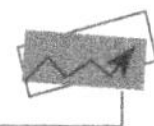

3. 某项经济业务发生后，一个资产账户记借方，则有可能（　　）。

A. 另一个资产账户记借方　　B. 另一个所有者权益账户记贷方

C. 另一个负债账户记贷方　　D. 另一个资产账户记贷方

4. 企业购买原材料一批，价款尚未支付，会计要素发生变动的有（　　）。

A. 负债　　B. 资产　　C. 收入　　D. 所有者权益

5. 企业向银行借入为期3个月的借款，会引起（　　）。

A. 流动负债增加　　B. 资产增加

C. 所有者权益增加　　D. 长期负债增加

6. 企业的各项经济业务发生变化，主要有以下哪几种情况？（　　）

A. 资产与权益同增或同减，总额发生变化

B. 所有者权益与资产此增彼减

C. 资产内部此增彼减，总额不变

D. 负债、所有者权益内部此增彼减，总额不变

7. 在下列经济业务中，（　　）会引起同类项目的一增一减变动。

A. 购进材料，但货款未付　　B. 以银行存款偿还借款

C. 资本公积转增资本　　D. 以银行存款购买材料

8. 某一经济业务发生时，一个资产类账户记贷方，则有可能（　　）。

A. 一个负债类账户记贷方　　B. 一个成本类账户记借方

C. 一个资产类账户记借方　　D. 一个负债类账户记借方

9. 下列经济业务中导致资产增加的有（　　）。

A. 从银行提取现金　　B. 向银行借入短期借款

C. 以资本公积转增资本　　D. 收到商品预收款

10. 企业以银行存款归还长期借款，这项业务引起（　　）。

A. 负债减少　　B. 所有者权益减少

C. 收入减少　　D. 资产减少

11. 下列经济业务中，引起资产和负债同时增加的有（　　）。

A. 从银行提取现金　　B. 赊购材料

C. 用银行存款购入各种材料　　D. 向银行借款存入银行

12. 下列经济业务中引起会计等式两边同时变化的有（　　）。

A. 收到投资者投入设备　　B. 向银行借入款项，存入银行

C. 以银行存款购买原材料　　D. 以银行存款归还前欠货款

三、判断题

1. 资产、负债和所有者权益是反映企业财务状况的会计要素，收入、费用和利润是反映企业经营成果的会计要素。（　　）

2. 收入、费用和利润是体现企业的资金运动在某一会计期间处于相对运动状态的会计要素。（　　）

3. 会计核算的基本等式是：资产＝负债＋所有者权益，它是复式记账法的理论基础和

编制资产负债表的依据。 (　　)

4. 资产与所有者权益在数量上始终是相等的。 (　　)

5. 资产与权益的恒等关系，是复式记账法的理论基础，也是企业编制资产负债表的依据。 (　　)

6. “收入－费用＝利润”之间的恒等关系，是编制利润表的基础。 (　　)

7. 任何经济业务的发生都不会改变“资产＝负债＋所有者权益”的恒等关系。 (　　)

8. 资产、负债与所有者权益的平衡关系是企业资金运动处于相对静止状态下出现的，如果考虑收入、费用等动态要素，则资产与权益总额的平衡关系必然被破坏。 (　　)

9. 资产、负债和所有者权益是同一问题的两个方面，彼此之间存在着相互依存关系。 (　　)

四、综合题

1. 某公司某月收支情况如下：

（1）本月销货收入790 000元，销货进价成本700 000元；

（2）支付房租3 000元，办公用品500元，煤气、电、水费1 500元，工资28 000元；

（3）支付运杂费600元、包装费500元；

（4）支付职工医药费6 000元、差旅费2 000元。

要求：计算该公司本月利润额。

2. 某企业发生经济业务如下：

（1）用银行存款购买材料；

（2）用银行存款支付前欠A单位货款；

（3）决定向投资者分配股利；

（4）向银行借入长期借款，存入银行；

（5）收到所有者投入的设备；

（6）购入设备一台，款未付；

（7）用银行存款归还长期借款；

（8）企业以固定资产向外单位投资；

（9）从银行借款归还前欠甲单位货款；

（10）经批准用银行存款归还投资者王芳的投资款；

（11）经协商同意，将应归还乙单位的应付货款转为投入资本；

（12）将盈余公积转作资本。

要求：分析上述各项经济业务的类型，将经济业务的序号填入表3-2。

表3–2　经济业务类型分类

经济业务类型	序　　号
1. 一项资产增加，另一项资产减少	
2. 一项负债增加，另一项负债减少	
3. 一项所有者权益增加，另一项所有者权益减少	
4. 一项资产增加，一项负债增加	
5. 一项资产增加，一项所有者权益增加	
6. 一项资产减少，一项负债减少	
7. 一项资产减少，一项所有者权益减少	
8. 一项负债减少，一项所有者权益增加	
9. 一项负债增加，一项所有者权益减少	

任务三　认知会计科目

一、单项选择题

1. 下列选项中属于负债类科目的是（　　）。

A. 预收账款　B. 银行存款　C. 预付账款　D. 累计折旧

2. 下列选项中属于损益类科目的是（　　）。

A. 本年利润　B. 制造费用　C. 生产成本　D. 所得税费用

3. 下列选项中属于资产类科目的是（　　）。

A. 预收账款　B. 管理费用　C. 应付债券　D. 预付账款

4. 会计科目按（　　）不同，可以分为总分类科目和明细分类科目。

A. 用途和结构　B. 核算的经济内容

C. 会计要素　D. 提供信息的详细程度及其统驭关系

5. 下列选项中属于明细分类科目的是（　　）。

A. 销售费用　B. 其他应收款　C. 办公费　D. 盈余公积

6. 会计科目是指对（　　）的具体内容进行分类核算的项目。

A. 会计账户　B. 资产　C. 经济业务　D. 会计要素

7. 下列选项中属于成本类科目的是（　　）。

A. 管理费用　B. 制造费用　C. 销售费用　D. 财务费用

8. 下列选项中属于总分类科目的是（　　）。

A. 专利权　B. 应付账款　C. 专用设备　D. 应交增值税

9. 下列选项中属于长期负债的是（　　）。

A. 应付股利　B. 应付债券　C. 应交税费　D. 应付职工薪酬

10. （　　）是对会计要素的具体内容进行分类核算的项目。

A. 会计账户　B. 会计对象　C. 明细账　D. 会计科目

11. 下列选项中属于国家统一规定的一级会计科目的是（　　）。

A. 所得税费用　B. 应交增值税　C. 专利权　D. 利息费用

12. 按所归属的会计要素不同，制造费用科目属于（　　）科目。

A. 负债类　B. 损益类　C. 成本类　D. 资产类

二、多项选择题

1. 下列选项中属于会计科目的有（　　）。

A. 流动资产　B. 交易性金融资产　C. 长期负债　D. 固定资产

2. 执行《企业会计准则》的企业，会计科目分为资产类、负债类、所有者权益类、（　　）。

A. 收入类　B. 成本类　C. 损益类　D. 费用类

3. 会计科目设置应遵循的原则有（　　）。

A. 合法性原则　B. 实用性原则　C. 全面性原则　D. 相关性原则

4. 下列选项中属于成本类的会计科目有（　　）。

A. 生产成本　B. 制造费用　C. 其他业务成本　D. 主营业务成本

5. 下列选项中属于企业债权的有（　　）。

A. 应付账款　B. 应收账款　C. 预付账款　D. 预收账款

6. 下列选项中属于负债类科目的有（　　）。

A. 其他应付款　B. 应付票据　C. 应交税费　D. 原材料

7. 下列会计科目中属于损益类的有（　　）。

A. 销售费用　B. 制造费用　C. 所得税费用　D. 生产成本

8. 下列选项中属于明细分类科目的有（　　）。

A. 长期股权投资　B. 原料及辅助材料

C. 短期借款　D. 应交增值税

9. 对于制造业企业，原材料科目属于（　　）。

A. 资产类科目　B. 明细分类科目　C. 成本类科目　D. 总分类科目

10. 下列会计科目中，属于损益类的有（　　）。

A. 固定资产　B. 主营业务成本　C. 主营业务收入　D. 税金及附加

11. 下列各项中，属于总分类科目的有（　　）。

A. 原材料　B. 累计折旧

C. 管理费用　D. 持有至到期投资

12. 会计科目按反映的经济内容可分为（　　）。

A. 共同类科目　B. 成本类科目和损益类科目

C. 资产类科目和负债类科目　D. 所有者权益类科目

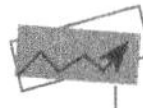

13. 在下列项目中，与管理费用属于同一类科目的有（　　）。
    A. 制造费用　　B. 财务费用
    C. 销售费用　　D. 其他应收款
14. 会计科目按核算指标详细程度及其统驭关系可分为（　　）。
    A. 一级会计科目　　B. 下级会计科目
    C. 明细会计科目　　D. 上级会计科目
15. 下列选项中属于损益类科目的有（　　）。
    A. 其他业务收入　　B. 管理费用　　C. 制造费用　　D. 主营业务收入
16. 下列选项中属于会计科目设置原则的有（　　）。
    A. 合法性　　B. 相关性　　C. 实用性　　D. 稳定性
17. 下列有关明细分类科目的表述中，正确的有（　　）。
    A. 除国家统一会计制度规定设置的以外，各单位可以根据实际需要自行设置
    B. 也称一级会计科目
    C. 是对总分类科目做进一步分类的科目
    D. 能提供更加详细、更加具体的会计信息的科目

三、判断题

1. 企业只能使用国家统一的会计制度规定的会计科目，不得自行增减或合并。（　　）
2. 累计折旧属于损益类科目。（　　）
3. 应交税费属于负债类科目。（　　）
4. 所有者权益类会计科目中对所有者权益要素的具体内容进行分类核算的项目，包括实收资本、资本公积、盈余公积和未分配利润四个会计科目。（　　）
5. 会计要素是对会计对象的具体分类，会计科目是对会计要素的具体分类。（　　）
6. 营业成本是指企业为销售商品、提供劳务而发生的各种耗费，属于企业的期间费用。（　　）
7. 会计科目设置应当遵循的相关性原则，是指所设置的会计科目应符合自身特点，满足单位实际需要。（　　）
8. 对于明细科目较多的会计科目，可在总分类科目下设置二级或多级明细科目。（　　）

四、综合题

1. 某企业资料如表3-3所示。请在该表空格处分别写出会计科目，并按会计要素的归属进行分类，指出会计科目的类别。

表3-3　会计科目及其类别

序号	资　　料	会计科目	会计科目类别
1	存在银行的款项		
2	接受投资者的投资		
3	向银行借入半年期的临时借款		
4	1—5月实现的利润		

续表

序号	资　　料	会计科目	会计科目类别
5	库存的五金材料		
6	厂房、仓库、办公楼		
7	应付给供应单位的购货款		
8	财务部门的库存现金		
9	应向购货单位收取的销货款		
10	制作产品用的钢材、生铁等材料		
11	购买A公司股票，3个月售出		
12	生产用的机器设备		
13	企业从利润中提取的盈余公积		
14	采购员借用的差旅费		
15	应付给房管部门的代扣房租		
16	购买办公用品的费用		
17	购入的产品专利权		
18	向银行贷款，2年后归还		
19	销售产品的收入		
20	预付货款的定金		
21	发行3年期公司债券		
22	计算应交的税费		
23	预收的货款定金		
24	正在运输途中的材料		
25	资本的溢价		
26	库存已完工的产品		
27	出租仓库的租金收入		
28	正在建设的工程项目		
29	产品的广告费用		
30	对外投资分得的利润		
31	银行手续费用		
32	支付税款滞纳金		

2. 某工业企业的会计科目（部分）有：原材料、短期借款、应收B公司货款、主要材料、辅助材料、应付甲工厂货款、应付账款、临时借款、甲材料、乙材料、应收账款、应收A单位货款。

要求：请指出哪些属于总分类科目，哪些属于明细分类科目。

任务四　认知账户

一、单项选择题

1.（　　）是根据总分类科目设置的，是用来对会计要素具体内容进行总括核算的账户。

A. 总分类账户　　B. 分类账户

C. 总分类账户和明细分类账户　　D. 明细分类账户

2. 按所反映的经济内容分类，工业企业会计中的原材料账户属于（　　）。

A. 资产类账户　　B. 利润类账户

C. 费用类账户　　D. 成本类账户

3. 应收账款期末余额为贷方，其性质属于（　　）账户。

A. 负债类　　B. 共同类　　C. 资产类　　D. 收入类

4. 按经济内容分类，属于成本类账户的是（　　）。

A. 盈余公积　　B. 未分配利润　　C. 所得税　　D. 生产成本

5. 预付账款账户属于（　　）账户。

A. 负债类　　B. 资产类　　C. 债务类　　D. 费用类

6. 会计账户是根据（　　）分别设置的。

A. 经济业务　　B. 会计对象　　C. 会计要素　　D. 会计科目

7. 某企业月初有短期借款400 000元，本月向银行借入短期借款450 000元，以银行存款偿还短期借款200 000元，则月末“短期借款”账户的余额为（　　）。

A. 贷方650 000元　　B. 借方150 000元

C. 借方650 000元　　D. 贷方150 000元

8. 应收账款账户的期初余额为8 000元，本期借方发生额为6 000元，本期贷方发生额为5 000元，则该账户的期末余额为（　　）元。

A. 9 000　　B. 3 000　　C. 7 000　　D. 10 000

9. 借贷记账法下，丁字账户的左边为（　　）。

A. 增加栏　　B. 贷方　　C. 借方　　D. 减少栏

10. 某企业期初短期借款600 000元，本期发生如下经济业务：（1）以银行存款偿还短期借款300 000元；（2）向银行借入短期借款800 000元。则期末“短期借款”账户的余额为（　　）元。

A. 借方300 000　　B. 贷方1 100 000

C. 借方1 100 000　　D. 贷方300 000

11. 在账户中登记本期增加或减少（借或贷）的金额，称为（　　）。

A. 本期发生额　　B. 期末余额　　C. 期初余额　　D. 上期发生额

12. 余额按照某一会计时间的不同，一般分为（　　）和（　　）。

A. 本期增加额；本期减少额　　B. 本期减少额；期初余额

C. 期初余额；期末余额　　D. 本期增加额；期末余额

13. 预付账款账户的期初余额为借方20 000元，本期借方发生额8 000元，本期贷方发生额50 000元，则该账户的期末余额为（　　）。

A. 贷方10 000元　　B. 借方110 000元

C. 借方50 000元　　D. 贷方22 000元

14. 预收账款账户的期初余额为借方5 000元，本期借方发生额3 000元，贷方发生额9 000元，则该账户的期末余额为（　　）元。

A. 借方1 000　　B. 贷方1 000

C. 贷方11 000　　D. 借方11 000

15. 应付账款账户期初贷方余额为35 400元，本期贷方发生额为26 300元，本期借方发生额为17 900元，则该账户的期末余额为（　　）。

A. 贷方43 800元　　B. 贷方27 000元

C. 借方43 800元　　D. 借方27 000元

16. 某账户本期期初余额为11 200元，本期期末余额为11 400元，本期减少发生额为1 600元，则该账户的期末增加发生额为（　　）元。

A. 2 000　　B. 1 400　　C. 1 600　　D. 1 800

17. 某科目的期初余额为1 200元，期末余额为6 000元，本期减少发生额为800元，则本期增加发生额为（　　）元。

A. 400　　B. 5 600　　C. 6 400　　D. 4 000

18. 应付账款账户的期末余额等于（　　）。

A. 期初余额－本期借方发生额＋本期贷方发生额

B. 期初余额＋本期借方发生额－本期贷方发生额

C. 期初余额－本期借方发生额－本期贷方发生额

D. 期初余额＋本期借方发生额＋本期贷方发生额

19. （　　）是账户的名称，也是设置账户的依据。

A. 会计对象　　B. 会计主体

C. 会计要素　　D. 会计科目

20. 下列说法中正确的是（　　）。

A. 账户与会计科目口径不一致，性质相同

B. 账户与会计科目口径不一致，性质不相同

C. 账户与会计科目口径一致，性质相同

D. 账户与会计科目口径一致，性质不相同

21. 会计科目与账户的本质区别在于（　　）。

A. 反映的经济内容不同　　B. 记录资产和权益的内容不同

C. 会计账户有结构而会计科目无结构　　D. 记录资产和权益的方法不同

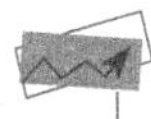

22. 下列选项中，有关会计账户与会计科目的说法错误的是（　　）。
A. 两者反映的内容是一致的，性质相同
B. 会计账户是会计科目的名称
C. 没有会计科目，会计账户便失去了设置的依据
D. 没有会计账户，就无法发挥会计科目的作用

二、多项选择题

1. 账户按所反映的经济内容不同，分为（　　）。
A. 明细分类账户　　B. 成本、损益类账户
C. 资产、负债、所有者权益账户　　D. 总分类账户
2. 下列会计账户中，属于权益类账户的是（　　）。
A. 应付职工薪酬　　B. 实收资本　　C. 应交税费　　D. 资本公积
3. 损益类账户包括（　　）等。
A. 制造费用　　B. 主营业务收入　　C. 管理费用　　D. 财务费用
4. 债权是企业收取款项的权利，下列选项中属于债权的是（　　）。
A. 预收账款　　B. 应收账款　　C. 长期应收款　　D. 实收资本
5. 下列选项中属于账户的金额要素的是（　　）。
A. 期末余额　　B. 本期增加发生额
C. 本期发生额　　D. 期初余额
6. 账户的结构包括（　　）。
A. 凭证编号　　B. 增加方和减少方的金额及余额
C. 账户的名称　　D. 日期和摘要
7. 下列等式中错误的有（　　）。
A. 期初余额＝本期增加发生额－期末余额－本期减少发生额
B. 期初余额＝本期增加发生额＋期末余额－本期减少发生额
C. 期末余额＝本期增加发生额＋期初余额－本期减少发生额
D. 期初余额＝本期减少发生额＋期末余额－本期增加发生额
8. 会计科目与账户的一致性主要表现在（　　）。
A. 两者名称一致　　B. 会计科目是设置会计账户的依据
C. 两者的基本结构一致　　D. 两者反映的经济内容一致
9. 下列说法中正确的是（　　）。
A. 账户与会计科目口径不一致，性质也不相同
B. 账户根据会计科目设置，具有一定的格式和结构
C. 账户与会计科目口径一致，性质相同
D. 会计科目仅仅是账户的名称，不存在结构

三、判断题

1. 按性质分类，短期借款属于负债类账户。（　　）
2. 共同类科目是指可能具有资产性质，也可能具有负债性质的科目。（　　）

3. 累计折旧、利润分配、制造费用中只有制造费用属于成本类账户。（　　）

4. 损益类账户的期末余额＝期初余额＋本期贷方发生额－本期借方发生额。（　　）

5. 会计科目是对会计对象的具体内容进行分类的，它既有分类的名称，又有一定的格式。（　　）

6. 成本类科目包括制造费用、生产成本及主营业务成本等科目。（　　）

7. 预付账款账户期初借方余额为250 000元，本期借方发生额为150 000元，本期贷方发生额为300 000元，该账户期末余额为贷方100 000元。（　　）

8. 各账户期末余额的计算公式是：期末余额＝期初余额＋本期增加发生额－本期减少发生额。（　　）

9. 会计科目是账户的名称，也是设置账户的依据。（　　）

10. 会计科目与账户都是对会计对象具体内容的科学分类，两者口径一致，但性质不同。（　　）

11. 会计科目有结构和格式，而会计账户没有结构和格式。（　　）

12. 会计科目就是账户的名称，它是设置账户的依据。两者核算相同的经济内容，故实质上它们是同一个概念。（　　）

四、综合题

1. 某企业资料如表3-4所示。请在该表空格处写出账户名称，并按账户所反映的经济内容进行分类，指出其账户类别。

表3-4　账户及其类别

序号	资　　料	账户名称	账户类别
1	企业的厂房及机器设备		
2	仓库储存的材料		
3	企业持有的现金		
4	企业存在银行的款项		
5	企业拥有的专利权价值		
6	企业用闲置资金购入的股票		
7	企业购买办公用品费		
8	企业应付职工的工资		
9	企业应付采购材料款		
10	企业为销售产品发生的广告费		
11	企业从银行取得的短期借款		
12	企业由利润中提取的公积		
13	企业销售产品未收到的价款		

2. 某企业某年7月初资产、负债及所有者权益的余额如表3-5所示。

表3-5　资产负债表

单位：元

资　产	金　额	负债及所有者权益	金　额
库存现金	1 000	负债：	
银行存款	13 000	短期借款	100 000
应收账款	14 000	应付账款	25 000
其他应收款	2 000	应付职工薪酬	5 000
生产成本	140 000	所有者权益：	
原材料	60 000	实收资本	500 000
库存商品	70 000	盈余公积	50 000
固定资产	400 000	未分配利润	20 000
合　计	700 000	合　计	700 000

7月该企业发生下列各项经济业务：

（1）向甲公司购入原材料一批，计价20 000元，材料验收入库，货款未付；

（2）生产车间领用材料45 000元投入生产；

（3）向银行借入短期借款50 000元，存入银行；

（4）以现金暂付职工小张差旅费1 000元；

（5）以银行存款偿还前欠甲公司材料款20 000元；

（6）收到星光公司投入资本30 000元，存入银行；

（7）收回乙公司前欠货款12 000元，存入银行；

（8）从银行提取现金1 000元；

（9）以银行存款购入电子计算机一台，价值20 000元；

（10）以银行存款支付劳保医院医药费5 000元。

要求：将资产、负债和所有者权益各项目7月初的余额和月内增减变化的金额填入表3-6中，并计算出期末余额及合计数。

表3-6　期末余额及合计数

单位：元

项目	期初余额	本月增加数	本月减少数	月末余额	项目	期初余额	本月增加数	本月减少数	月末余额
库存现金					短期借款				
银行存款					应付账款				
应收账款					应付职工薪酬				
其他应收款					负债合计				
生产成本					实收资本				
原材料					盈余公积				
库存商品					未分配利润				
固定资产					所有者权益合计				
资产总计					权益总计				

项目四　复式记账

任务一　认知复式记账法

一、单项选择题

1. 一张单式记账凭证一般填列（　　）会计科目的凭证。

A. 一个　　B. 两个　　C. 三个　　D. 三个以上

2. 单式记账法只要求登记（　　）。

A. 损益类账户

B. 原材料、库存商品等账户

C. 库存现金、银行存款、货币资金等账户

D. 收入、费用等账户

3. 一项经济业务所涉及的每个会计科目单独填制一张记账凭证，每一张记账凭证中只登记一个会计科目，这种凭证叫作（　　）。

A. 一次凭证　　B. 通用记账凭证　　C. 专用记账凭证　　D. 单式记账凭证

4. 复式记账法，是对每一笔经济业务事项都要在（　　）相互联系的账户中进行登记。

A. 两个　　B. 两个或两个以上　　C. 一个　　D. 三个

5. 复式记账法是以（　　）为记账基础的一种记账方法。

A. 试算平衡　　B. 经济业务　　C. 资产和权益平衡关系　　D. 会计科目

6. 账户哪一方记增加，哪一方记减少，取决于（　　）。

A. 公司的性质　　B. 业务的性质

C. 会计人员的分工　　D. 账户的性质和类型

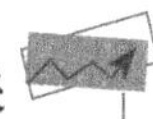

二、多项选择题

1. 复式记账法包括（　　）三种。

A. 收付记账法　　B. 单式记账法　　C. 增减记账法　　D. 借贷记账法

2. 与单式记账法相比，复式记账法具有不可比拟的优越性，其特点有（　　）。

A. 设置账户完整，账户体系完善

B. 反映和记录每一笔经济业务具有必要性和可能性

C. 反映每笔经济业务所涉及的全部内容

D. 对一定时期内的账户记录能进行综合试算平衡

三、判断题

1. 复式记账法的基本理论依据是“收入－费用＝利润”这一平衡原理。（　　）

2. 复式记账法不能反映经济业务的来龙去脉。（　　）

3. 增减记账法是单式记账法的一种。（　　）

4. 收付记账法不是复式记账法，所以我国不采用。（　　）

5. 复式记账法是对全部经济交易与事项均进行完整记录且相互联系的一种记账方法。（　　）

6. 复式记账法就是对每一项经济业务，要以相等的金额同时在两个或两个以上相互联系的账户中进行登记的一种记账方法。（　　）

任务二　认知借贷记账法

一、单项选择题

1.（　　）是以“借”和“贷”为记账符号的一种复式记账方法。

A. 复式记账法　　B. 借贷记账法　　C. 增减记账法　　D. 单式记账法

2. 我国的法定记账法是（　　）。

A. 收付记账法　　B. 单式记账法　　C. 借贷记账法　　D. 增减记账法

3. 借贷记账法的记账规则是（　　）。

A. 有借必有贷，借贷不相等　　B. 有收必有付，收付金额必相等

C. 有借必有贷，借贷必相等　　D. 有增必有减，增减金额必相等

4. 生产成本的期末余额（　　）。

A. 一般无期末余额　　B. 一般在借方或贷方

C. 一般在贷方　　D. 一般在借方

5. 资产类账户的期初余额（　　）。

A. 一般无期初余额　　B. 一般在借方或贷方

C. 一般在贷方　　D. 一般在借方

6. 下列关于负债及所有者权益类科目期末余额的表述中，正确的是（　　）。

A. 一般在借方和贷方　　B. 一般在贷方

C. 一般在借方　　D. 一般无余额

7. 借贷记账法下，“丁”字账户的左边为（　　）。

A. 借方　　B. 贷方　　C. 增加栏　　D. 减少栏

8. 借贷记账法下，“丁”字账户的左边记录的发生额为（　　）。

A. 减少发生额　　B. 增加或减少发生额

C. 增加发生额　　D. 以上都不对

9. 负债类账户的期末余额（　　）。

A. 一般在贷方　　B. 一般在借方或贷方　　C. 一般在借方　　D. 一般无期末余额

10. 根据借贷记账法的账户结构，账户借方登记的内容有（　　）。

A. 所有者权益的增加　　B. 费用的增加

C. 收入的增加　　D. 负债的增加

11. 借贷记账法记账符号“贷”表示（　　）。

A. 资产增加，权益减少　　B. 资产减少，权益减少

C. 资产减少，权益增加　　D. 资产增加，权益增加

12. 损益类账户期末一般是（　　）。

A. 贷方余额　　B. 没有余额　　C. 借方余额　　D. 借方或贷方余额

13. 符合所有者权益账户规则的是（　　）。

A. 增加记借方　　B. 减少记贷方　　C. 期末无余额　　D. 增加记贷方

14. 下列（　　）账户中，其“贷方”表示增加数额。

A. 预收账款　　B. 应收账款　　C. 原材料　　D. 预付账款

15. 以下哪项不符合借贷记账规则？（　　）

A. 资产、负债同时减少　　B. 两项资产同时增加

C. 资产、负债同时增加　　D. 资产、资本同时减少

16. 在下列账户中，以借方表示增加的有（　　）。

A. 实收资本　　B. 长期借款　　C. 交易性金融资产　　D. 主营业务收入

17. 借贷记账法的“贷”表示（　　）。

A. 权益增加　　B. 费用增加　　C. 成本增加　　D. 资产增加

18. 账户的左右两方，哪一方登记增加，哪一方登记减少，取决于（　　）。

A. 所记录的经济业务和账户的性质　　B. 所记录的业务内容

C. 所采用的会计科目　　D. 所采用的记账的方法

19. 下列选项中，本期增加发生额登记在贷方账户的是（　　）。

A. 原材料　　B. 生产成本　　C. 固定资产　　D. 累计折旧

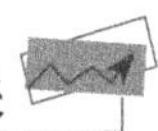

20. 关于费用支出类账户的余额，下列表述中正确的是（　　）。

A. 一般在贷方　　B. 一般在借方

C. 借方或贷方均有可能　　D. 通常没有余额

21. 下列关于试算平衡方法的表述中，不正确的是（　　）。

A. 通过试算平衡表可以发现所有错误

B. 本期所有会计科目的借方余额合计与贷方余额合计应当恒等

C. 所有会计科目的借方发生额合计与贷方发生额合计必然相等

D. 余额试算平衡通过编制试算平衡表来完成

22. 发生额试算平衡公式是（　　）。

A. 全部账户本期借方余额合计＝全部账户本期贷方余额合计

B. 本期借方发生额合计＝本期贷方发生额合计

C. 全部账户本期借方发生额合计＝全部账户本期贷方发生额合计

D. 全部账户本期借方发生额＝全部账户本期贷方发生额

23. 某企业月末编制的试算平衡表中，全部账户的本期借方发生额合计为900 000元，除其他应付款账户以外，其他账户的本期贷方发生额合计为895 000元，则其他应付款账户（　　）。

A. 月末借方余额为5 000元　　B. 本期借方发生额为5 000元

C. 月末贷方余额为5 000元　　D. 本期贷方发生额为5 000元

24. 下列错误中能通过试算平衡查找的是（　　）。

A. 某项经济业务重复记账　　B. 某项经济业务未入账

C. 应借应贷账户中借贷金额不等　　D. 应借应贷账户中借贷方向颠倒

二、多项选择题

1. 下列有关借贷记账法的说法正确的有（　　）。

A. 以“资产＝负债＋所有者权益”这一会计等式作为理论依据

B. 是我国会计核算的法定记账方法

C. 记账规则是“有借必有贷，借贷必相等”

D. 采用“借”“贷”作为记账符号

2. 借贷记账法的特点有（　　）。

A. 以“有借必有贷，借贷必相等”作为记账规则

B. 以“借”“贷”为记账符号

C. “借”表示增加，“贷”表示减少

D. 可根据借贷平衡原理进行试算平衡

3. 下列各项中在贷方登记的有（　　）。

A. 负债的增加　　B. 资产的减少

C. 费用的增加　　D. 收入的增加

4. 下列有关费用（成本）类账户的说法正确的有（　　）。

A. 借方登记费用（成本）金额的增加

B. 账户结构与资产类账户基本相同

C. 借方登记费用（成本）金额的减少或转销

D. 贷方登记费用（成本）金额的减少或转销

5. “借”表示增加的账户一般有（　　）。

A. 收入类账户　　B. 负债及所有者权益类账户

C. 费用（成本）类账户　　D. 资产类账户

6. 期末一般应该结平（无余额）的账户有（　　）。

A. 投资收益　　B. 税金及附加　　C. 其他业务收入　　D. 管理费用

7. 下列关于资产类账户的说法中正确的有（　　）。

A. 借方登记资产金额的减少　　B. 贷方登记资产金额的减少

C. 期末余额一般在借方　　D. 借方登记资产金额的增加

8. 下列关于借贷记账法下账户结构的说法中正确的有（　　）。

A. 资产类账户和成本类账户结构相同

B. 所有者权益类账户和损益类账户中的收入类账户结构相似

C. 损益类账户期末结转后一般无余额

D. 损益类账户和负债类账户结构类似

9. 负债类账户的记账规则是（　　）。

A. 减少记借方　　B. 增加记贷方　　C. 增加记借方　　D. 减少记贷方

10. 一般情况下，期末余额在借方的账户有（　　）。

A. 生产成本　　B. 原材料　　C. 应付账款　　D. 银行存款

11. 在借贷记账法下，借方登记的内容是（　　）。

A. 权益的减少　　B. 资产的增加

C. 成本、费用的增加　　D. 收入的减少

12. 在借贷记账法下，贷方登记的内容是（　　）。

A. 收入的增加　　B. 资产的减少

C. 成本、费用的减少　　D. 权益的减少

13. 下列有关收入类科目的表述中，正确的有（　　）。

A. 本期的增加发生额记贷方　　B. 期末结账后无余额

C. 期末有借方余额　　D. 本期的增加发生额记借方

14. 某企业月末编制试算平衡表时，因库存现金账户的余额计算不正确，导致试算平衡中月末借方余额合计为168 000元，而全部账户月末贷方余额合计为160 000元。则库存现金账户（　　）。

A. 借方余额多计8 000元　　B. 为贷方余额

C. 为借方余额　　D. 借方余额为8 000元

15. 某企业月末编制试算平衡表时，因漏算一个账户，导致计算的月末借方余额合计为140 000元，月末贷方余额合计为190 000元，则漏算的金额为（　　）。

A. 33 000元　　B. 50 000元　　C. 借方金额　　D. 贷方金额

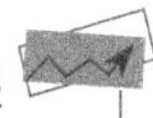

16. 借贷记账法的试算平衡方法包括（　　）。

A. 余额平衡法　　B. 增减平衡法

C. 发生额试算平衡法　　D. 借贷平衡法

17. 试算平衡表无法发现的错误有（　　）。

A. 颠倒记账方向　　B. 漏记某项经济业务

C. 漏记一个借方金额　　D. 重记某项经济业务

三、判断题

1. 借贷记账法的记账符号不代表本身的文字含义。（　　）

2. 借贷记账法是以“借”“贷”为记账符号，对每一笔经济业务，都要在两个相互联系的会计科目中以借贷相等的金额进行登记的一种复式记账方法。（　　）

3. 在资产类账户，借方一般记增加额，贷方一般记减少额。（　　）

4. 负债类账户借方金额表示该账户金额增加，贷方金额表示该账户金额减少。（　　）

5. 在借贷记账法下，账户可以划分为借贷两部分：借方登记业务的增加额，贷方登记业务的减少额。（　　）

6. 所有账户的左边都记录经济业务的增加数，右边都记录经济业务的减少数。（　　）

7. 在借贷记账法下，其账户的基本结构可分为“借”和“贷”两个方向。（　　）

8. 账户的余额一般和账户的增加额方向一致。（　　）

9. 收入类账户的贷方登记收入的增加额，借方登记其减少额（或转销额）。（　　）

10. 在借贷记账法下，成本类会计科目的结构与资产类科目的结构一致，即借方登记成本的增加数，贷方登记成本的减少数，期末若有余额，应在借方。（　　）

11. 费用类科目的结构与资产类科目的结构完全相同。（　　）

12. 制造费用和管理费用都应当在期末转入本年利润账户。（　　）

四、综合题

按要求补充完成下列各表。

1. 计算表4–1空格中的数字，并用“借”“贷”表示期末余额的方向。

表4–1　借贷记账（1）

单位：元

账户名称	期初余额		本期发生额		借或贷	期末余额
	借方	贷方	借方	贷方		
银行存款	162 700		205 000	258 000		
应收账款	70 000			70 000	借	90 000
固定资产			65 000	20 000		410 000
短期借款			40 000	10 000	贷	20 000
应付账款		85 000	60 000		贷	57 900
实收资本		430 000	30 000	50 000		
资本公积		73 000		80 000		53 000

2. 计算表4–2、表4–3空格中的数字。

表4–2　借贷记账（2）

账户名称：应付账款　　　　　　　　　　　　　　　　　　　　单位：元

年		凭证号数	摘　　要	借方	贷方	借或贷	余额
月	日						
		（略）	期初余额			贷	13 000
			购材料欠款		1 500		
			偿还货款	4 000			
			购材料欠款			贷	25 000
			偿还货款	100			
			购材料欠款		3 000		
			购材料欠款		5 000		
			本月合计				

表4–3　借贷记账（3）

账户名称：库存现金　　　　　　　　　　　　　　　　　　　　单位：元

年		凭证号数	摘　　要	借方	贷方	借或贷	余额
月	日						
		（略）	期初余额			借	1 700
			从银行提取现金	700			
			销售产品收入			借	10 400
			支付备用金		200		
			购买办公用品		500		
			本月合计				

3. 表4–4所示为一张不完整的试算平衡表，计算表中有关数字。

表4–4　借贷记账（4）

单位：元

账户名称	期初余额		本期发生额		期末余额	
	借方	贷方	借方	贷方	借方	贷方
固定资产	250 000		50 000	——		
原材料	120 000			5 000	120 000	
生产成本			5 000	5 000	65 000	
库存商品	40 000			——	45 000	
库存现金	300		——	——		
银行存款			10 000	18 000	6 700	
应收账款	10 000		——	——		
预付账款			——	——	12 000	
实收资本		250 000	——			300 000

续表

账户名称	期初余额		本期发生额		期末余额	
	借方	贷方	借方	贷方	借方	贷方
资本公积			——	10 000		172 000
短期借款		30 000	——			35 000
预收账款			18 000	2 000		29 000
应付账款		5 000	2 000	——		
应付职工薪酬			——	——		12 000
其他应付款		8 000	——	——		
合 计						

任务三　掌握会计分录的编制方法

一、单项选择题

1. 下列表述中，正确的是（　　）。

A. 从某个企业看，其全部科目的借方余额合计与全部科目的贷方余额合计不一定相等

B. 不能编制多借多贷的分录

C. 试算平衡的目的是验证企业的全部科目的借方发生额合计与借方余额合计是否相等

D. 从某个会计分录看，其借方科目与贷方科目之间互为对应科目

2. 下列会计分录形式中，属于简单会计分录的是（　　）。

A. 多借多贷　　B. 一贷多借　　C. 一借多贷　　D. 一借一贷

3. 下列各项中，不属于会计分录内容的是（　　）。

A. 记账金额　　B. 记账科目　　C. 记账方向　　D. 核算方法

二、多项选择题

1. 会计分录包括（　　）。

A. 单式分录　　B. 简单会计分录　　C. 复合会计分录　　D. 混合分录

2. 编制会计分录的基本要点是（　　）。

A. 确定应借或应贷的金额　　B. 确定经济业务所涉及的账户

C. 确定借贷方向　　D. 确定应采用的方法

3. 下列会计分录中，属于复合会计分录的有（　　）。

A. 借：生产成本　　6 000
　　　制造费用　　3 000
　　贷：应付职工薪酬　　9 000

B. 借：生产成本　　5 000
　　　制造费用　　2 000
　　贷：累计折旧　　7 000

C. 借：生产成本　　5 000
　　　制造费用　　3 000
　　贷：原材料　　　8 000

D. 借：材料采购　　3 000
　　贷：银行存款　　3 000

三、判断题

1. 一个复合会计分录可以分解为几个简单会计分录。（　）

2. 任何只在借方或贷方登记，而无对应的贷方或借方记录，或者借贷金额不相等的记录，都是错误的会计分录。（　）

3. 复合会计分录实际是由若干简单会计分录复合而成的。（　）

4. 简单会计分录，是指涉及一个账户借方和另一个账户或多个账户贷方的会计分录。（　）

5. 一笔会计分录主要包括会计科目和金额两个要素。（　）

6. 复合会计分录是指由一个以上对应账户所组成的会计分录。（　）

7. 在借贷记账法下，不能编制一借多贷、一贷多借的会计分录，只能编制一借一贷的会计分录。（　）

8. 会计分录按照所涉及的账户多少，可分为一借一贷、一借多贷、一贷多借的会计分录，不允许多借多贷的会计分录。（　）

9. 会计分录是指某项经济业务事项标明其应借应贷账户及其金额的记录，简称分录。（　）

四、综合题

1. 兴华工厂某年5月发生如下经济业务，请编制会计分录（不考虑增值税）：

（1）出纳员向银行提取现金8 000元，备用。

（2）采购员张强预借差旅费用5 000元，付给现金。

（3）购入办公用品150元，以现金付清，交管理部门使用。

（4）某单位用人民币200 000元向本企业投资，款项已经送存银行。

（5）向银行借款100 000元，期限3个月，款项已经划入企业银行账户。

（6）以银行存款购入机床一台，买价65 000元，机床交有关部门验收使用。

（7）购入材料一批，金额160 000元，材料已经验收入库，货款用银行存款支付100 000元，余款尚欠。

（8）计提本月固定资产折旧，其中：基本生产车间计提20 000元，行政管理部门计提10 000元。

（9）根据本月发料凭证汇总表，分配材料费：基本生产车间生产产品领用材料70 000元，基本生产车间管理部门一般耗用材料986元，行政管理部门领用材料2 800元，在建工程领用材料35 000元。

（10）提取本月福利费，其中：基本生产车间生产工人3 000元，基本生产车间管理人员600元，行政管理部门人员2 800元。

要求：根据上述资料，编制会计分录并写入表4-5。

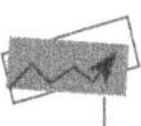

表4-5　会计分录（1）

（1）	（2）
（3）	（4）
（5）	（6）
（7）	（8）
（9）	（10）

2. 资料：（1）某企业某年10月初账户余额如表4-6所示。

表4-6　10月初账户余额　　单位：元

资产类账户	借方余额	权益类账户	贷方余额
库存现金	20 000	应付账款	40 000
银行存款	60 000	短期借款	50 000
应收账款	35 000	实收资本	150 000
原材料	35 000	资本公积	20 000
库存商品	50 000	盈余公积	40 000
固定资产	80 000		
无形资产	20 000		
合　计	300 000	合　计	300 000

（2）该企业10月发生如下交易和事项：

①5日，收到某单位投资的一项非专利技术，价值50 000元；

②8日，收到丙单位归还的前欠货款20 000元，存入银行；

③12日，以银行存款归还短期借款30 000元；

④25日，购入设备40 000元，银行存款支付；

⑤26日，将现金10 000元存入银行；

⑥28日，经批准将资本公积20 000元转增企业资本。

要求：

（1）建账，即根据资料（1），开设“T”形账户，并登记期初余额。

（2）根据资料（2），编制会计分录并写入表4-7。

表4-7　会计分录（2）

①	②
③	④
⑤	⑥

（3）记账，即根据会计分录在所开设的“T”形账户中登记交易和事项。

（4）结账，即在“T”形账户中结算出本期发生额和期末余额。

（5）编制试算平衡表（见表4–8）检验记账、结账是否正确。

表4–8　试算平衡表　　单位：元

账户名称	期初余额		本期发生额		期末余额	
	借方	贷方	借方	贷方	借方	贷方
库存现金						
银行存款						
应收账款						
原材料						
库存商品						
固定资产						
无形资产						
应付账款						
短期借款						
实收资本						
资本公积						
盈余公积						
合 计						

任务四　熟悉工业企业主要经济业务的核算

问题一　筹集资金的核算

一、单项选择题

1. 企业收到投资方以现金投入的资本，实际投入的金额在注册资本中所占份额的部分，应记（　　）科目。

A. 盈余公积　　B. 利润分配

C. 实收资本（或股本）　　D. 资本公积

2. 企业从银行借入3年期借款，应贷记（　　）科目。

A. 库存现金　　B. 长期借款　　C. 长期应付款　　D. 短期借款

二、多项选择题

1. 收到投资者投入的固定资产1 000 000元，下列表述中正确的有（　　）。

A. 贷记实收资本科目1 000 000元　　B. 借记固定资产科目1 000 000元

C. 借记银行存款科目1 000 000元　　D. 贷记资本公积科目1 000 000元

2. 某投资者决定从甲公司退出，甲公司以银行存款退还其原投资500 000元，同时注销等额的注册资本。下列表述中，正确的有（　　）。

A. 借记银行存款科目　　B. 贷记银行存款科目

C. 贷记实收资本科目　　D. 借记实收资本科目

3. 收到某投资单位投入货币资金30 000元，存入银行存款账户，该笔业务（　　）。

A. 贷记实收资本30 000元　　B. 借记银行存款30 000元

C. 贷记银行存款30 000元　　D. 借记实收资本30 000元

4. 企业增加实收资本的途径包括（　　）。

A. 所有者投入资本　　B. 发放现金股利

C. 资本公积转增资本　　D. 盈余公积转增资本

5. 资本溢价不应计入（　　）。

A. 资本公积　　B. 未分配利润　　C. 盈余公积　　D. 实收资本

6. 企业吸收投资者出资时，下列会计科目的余额可能发生变化的有（　　）。

A. 盈余公积　　B. 实收资本　　C. 利润分配　　D. 资本公积

7. 企业筹集资金可以通过两种渠道，分别是（　　）。

A. 接受投资　　B. 销售商品　　C. 借入款项　　D. 接受捐赠

8. 企业从银行借入的期限为1个月的借款到期，偿还该借款本息时所编制会计分录可能涉及的账户有（　　）。

A. 短期借款　　B. 管理费用　　C. 财务费用　　D. 银行存款

三、判断题

1. 投资者投入的固定资产，按投资各方确认的价值，作为入账价值。（　　）

2. 会计上的资本，专指所有者权益中的投入资本。（　　）

3. 企业的实收资本应当与注册资本相一致，企业不得擅自改变注册资本的数额或抽逃资金。（　　）

4. 长期借款是为了满足生产经营周期资金不足的临时需要。（　　）

四、综合题

金山工厂某年12月发生如下交易或事项：

（1）1日，收到投资者投入的资金650 000元，存入银行。

（2）3日，收到红星公司投入的全新设备一台，经评估，双方协商价值为800 000元，占注册资本13 000 000元的5%，即650 000元。

（3）5日，接受新兴公司以一项专利权作投资，价值为100 000元。

（4）6日，经批准，将华新公司的投资款100 000元以存款方式退还。

（5）8日，经批准，公司从银行借入期限为半年的借款150 000元，款项存入银行。

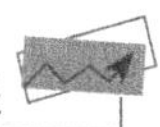

（6）10日，公司向银行借入为期5年的借款600 000元，用于在建工程，款项已存入银行。

要求：请编制会计分录并写入表4-9。

表4-9 会计分录（3）

（1）	（2）
（3）	（4）
（5）	（6）

问题二 供应过程的核算

一、单项选择题

1. 某企业为增值税一般纳税人，本期外购原材料一批，购买价格为10 000元，增值税为1 700元，已取得增值税专用发票，入库前发生的挑选整理费用为300元。该批原材料的入账价值为（ ）元。

A. 10 300　　B. 10 000　　C. 11 700　　D. 12 000

2. 某一般纳税人企业外购一批原材料，实际支付的价款为3 000元，支付增值税510元，同时发生运杂费50元，则原材料的入账价值为（ ）元。

A. 3 510　　B. 3 050　　C. 3 000　　D. 3 560

3. 企业购入材料5 000元（不考虑增值税），以银行存款支付4 000元，余额未付，材料已入库。这一经济业务不涉及的会计科目是（ ）。

A. 银行存款　　B. 应收账款　　C. 原材料　　D. 应付账款

4. 在商品购进时，货款已付、尚未验收入库的商品应计入（ ）。

A. 在途物资　　B. 材料采购　　C. 原材料　　D. 库存商品

5. 应付账款账户的期末贷方余额反映的是（ ）。

A. 尚未支付的应付账款

B. 已偿还的应付账款

C. 已冲销的无法支付的应付账款

D. 企业购买商品、接受劳务等发生的应付账款

6. 下列各项中，不属于增值税一般纳税人存货成本的是（ ）。

A. 商品的消费税　　B. 商品的增值税（取得专用发票）

C. 商品的运输费　　D. 商品的买价

二、多项选择题

1. 下列各项中，属于原材料的有（　　）。

A. 汽车制造厂外购的轮胎　　B. 纺纱用的原棉

C. 清洁工作地点的各种用具　　D. 机器制造用的钢材

2. 开出转账支票一张，偿还应付账款300 000元，这笔业务产生的结果是（　　）。

A. 贷记银行存款　　B. 资产不变

C. 资产和负债同时减少300 000元　　D. 借记“应付账款”

3. 下列关于应付账款科目的表述中，正确的有（　　）。

A. 期末贷方余额反映企业尚未支付的应付账款

B. 借方登记偿还的应付账款或已冲销的无法支付的应付账款

C. 贷方登记企业购买材料、商品和接受劳务等而发生的应付账款

D. 一般应按照债权人设置明细科目进行明细核算

4. 企业偿还应付账款23 200元，其中以现金偿还200元，以银行存款偿还23 000元。业务涉及的会计科目及金额有（　　）。

A. 库存现金200元　　B. 银行存款23 000元

C. 应付账款23 000元　　D. 应付账款23 200元

5. 某企业购进一批材料，价值20 000元，当时用银行存款支付了8 000元，其余账款暂欠销货方，根据该业务编制的会计分录会涉及（　　）账户。

A. 原材料　　B. 银行存款　　C. 应收账款　　D. 应付账款

三、判断题

1. 应交税费账户借方登记本月应交的各种税费，贷方登记本月实际交的各项税费。（　　）

2. 设置原材料与在途物资是为了反映和监督材料的增减变动和结存情况。（　　）

四、综合题

金山工厂某年12月发生如下交易或事项：

（1）5日，从东方厂购入甲材料一批，取得的增值税专用发票上记载的价款为100 000元，增值税17 000元，另付运杂费1 000元，全部货款已用存款支付，材料已验收入库。

（2）7日，从西方厂购入乙材料一批，取得的增值税专用发票上记载的价款为200 000元，增值税34 000元，货款未支付，材料已验收入库。

（3）8日，从新兴公司购入乙材料一批，取得的增值税专用发票上记载的价款为15 000元，增值税2 550元，材料已验收入库，开出一张商业汇票，期限为2个月，面额17 550元。

（4）9日，从A厂购入甲材料一批，取得的增值税专用发票上记载的价款为30 000元，增值税5 100元，另付运杂费500元，全部货款已用存款支付，材料未运到。

（5）11日，从A厂购入的甲材料运到，并验收入库。

（6）12日，按合同规定，为购买甲材料以银行存款20 000元向红星公司预付货款。

（7）15日，以预付货款方式，从红星公司购买的甲材料已到，并验收入库。其增值税

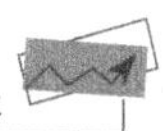

专用发票上记载的价款为13 000元，增值税2 210元，供方代垫运杂费200元。

（8）18日，收到红星公司退回多预付的货款。

要求：请编制会计分录并写入表4-10。

表4-10　会计分录（4）

（1）	（2）
（3）	（4）
（5）	（6）
（7）	（8）

问题三　生产过程的核算

一、单项选择题

1. 某企业仓库发出原材料8 000元，直接用于产品生产，应借记（　　），贷记原材料。

A. 库存商品　B. 管理费用　C. 制造费用　D. 生产成本

2. 在制造企业中，用来反映生产耗费的科目是（　　）。

A. 库存商品　B. 生产成本　C. 原材料　D. 材料采购

3. 企业为车间管理人员交的失业保险费应计入（　　）。

A. 销售费用　B. 管理费用　C. 财务费用　D. 制造费用

4. 生产成本账户的期末借方余额反映的是（　　）。

A. 完工产品的实际成本　B. 尚未加工完成的各项在产品的成本

C. 当期发生的各项生产费用　D. 累计发生的各项生产费用

5. 计入产品成本的职工薪酬是（　　）。

A. 车间管理人员工资　B. 专设销售机构人员工资

C. 企业行政部门人员工资　D. 在建工程人员工资

6. 企业向职工发放工资，应借记的账户是（　　）。

A. 其他应付款　B. 应付职工薪酬　C. 管理费用　D. 银行存款

7. 下列各项中，应计入工业企业产品成本的是（　　）。

A. 管理费用　B. 制造费用　C. 财务费用　D. 销售费用

8. 企业完工一批产品，产品成本为10 000元，验收入库，会计分录是（　　）。

A. 借：库存商品　10 000
　　贷：主营业务成本　10 000

B. 借：生产成本　10 000
　　贷：库存商品　10 000

C. 借：主营业务成本　10 000
　　贷：库存商品　10 000

D. 借：库存商品　10 000
　　贷：生产成本　10 000

9. 9月，某企业生产车间生产甲产品直接耗用原材料2 000元，生产乙产品直接耗用原材料4 000元，车间管理部门耗用原材料1 000元，正确的会计分录是（　　）。

A. 借：生产成本　7 000
　　贷：原材料　7 000

B. 借：生产成本　6 000
　　　　制造费用　1 000
　　贷：原材料　7 000

C. 借：生产成本　6 000
　　贷：管理费用　1 000

D. 借：制造费用　7 000
　　贷：原材料　7 000

二、多项选择题

1. 产品生产成本包括（　　）。

A. 直接人工　B. 制造费用　C. 管理费用　D. 直接材料

2. 下列支出计入“制造费用”科目的有（　　）。

A. 厂房折旧费
B. 办公用房折旧费
C. 车间设备折旧费
D. 车间管理人员的工资和福利费

3. 下列选项中，不应计入产品生产成本的有（　　）。

A. 财务费用　B. 管理费用　C. 制造费用　D. 销售费用

4. 下列选项中属于制造费用的有（　　）。

A. 车间管理人员薪酬
B. 企业总部行政管理人员薪酬
C. 产品销售人员薪酬
D. 车间生产设备折旧费

5. 下列各项中不应计入企业产品成本的有（　　）。

A. 产品展销费用
B. 车间管理部门的高温补贴
C. 行政管理部门使用的固定资产计提折旧
D. 车间领用原材料

6. 下列会计科目中，与生产成本科目借方发生对应关系的有（　　）。

A. 销售费用　B. 原材料　C. 制造费用　D. 应付职工薪酬

7. 本月应付职工工资50 000元，其中生产工人工资40 000元，车间管理人员工资2 000元，企业管理人员工资8 000元。下列会计科目中，与该项经济业务相关的有（　　）。

A. 制造费用　B. 管理费用　C. 应付职工薪酬　D. 生产成本

8. 某企业用库存现金900元购买办公用品，以库存现金30 000元发放职工工资，则（　　）。

A. 不能用库存现金支付工资
B. 共发生现金支出30 900元
C. 900元的支出应计入管理费用
D. 应付职工薪酬增加30 000元

三、判断题

1. 生产成本账户期末余额即尚未加工完成的各项在产品的成本。　（　　）

2. 某企业计提2013年3月车间管理人员工资，应计入管理费用账户。　（　　）

3. 车间直接参加产品生产工人的工资，直接计入制造费用科目。　（　　）

4. 生产多种产品的车间中，为生产产品发生的各项间接费用，应首先通过制造费用科目归集，期末再按一定的标准和方法分配计入各种产品成本。　（　　）

5. 生产车间管理人员的职工工资薪酬属于管理性费用，不能计入产品成本。　（　　）

6. 期末，制造费用账户借方所归集的间接费用分配转入生产成本账户，期末结转后，该账户没有余额。　（　　）

四、综合题

金山工厂某年12月发生如下交易或事项：

（1）10日，用银行存款购买1 300元办公用品，行政管理部门直接领用。

（2）12日，以存款支付本月水电费1 560元，其中，生产车间使用920元，行政管理部门使用640元。

（3）13日，行政管理人员王洋预借差旅费1 500元，以现金支付。

（4）18日，王洋出差归来报销差旅费1 850元，收回预借款，出纳员另支付现金350元。

（5）31日，仓库发出材料（根据公司各部门领用材料的领料单汇总），如表4–11所示。

表4–11　领料单

材料名称	单位	数量	单价	金额	用途
甲材料	千克	10 000	5.33	53 300.00	生产A产品
乙材料	千克	200	2.16	4 320.00	生产B产品
丙材料	个	50	9.00	450.00	生产车间一般耗费
丁材料	个	80	11.00	880.00	管理部门用
合　计				58 950.00	

（6）31日，按规定计提固定资产折旧费3 200元，其中，生产车间使用的固定资产折旧费2 300元，行政管理部门使用的固定资产折旧费900元。

（7）31日，根据工资结算表分配工资，其中：A产品生产工人的工资22 300元，B产品生产工人的工资20 320元，车间管理人员的工资12 500元，行政管理人员的工资10 230元。

（8）31日，结转本月制造费用36 200元，其中：A产品22 000元，B产品14 200元。

（9）31日，结转本月完工产品生产制造成本。A产品300件，全部完工，单位成本465元，共计139 500元；B产品生产250件，本月完工210件，单位成本220元，共计46 200元。

要求：请编制会计分录，写入表4–12。

表4-12　会计分录（5）

<table>
<tr><td>（1）</td><td>（2）</td></tr>
<tr><td>（3）</td><td>（4）</td></tr>
<tr><td rowspan="2">（5）</td><td>（6）</td></tr>
<tr><td>（7）</td></tr>
<tr><td>（8）</td><td>（9）</td></tr>
</table>

问题四　销售过程的核算

一、单项选择题

1. 销售产品时应交销售税金，应贷记的科目是（　　）。

A. 税金及附加　　B. 主营业务收入　　C. 所得税费用　　D. 应交税费

2. 以生产或销售商品为主要业务的企业，销售商品产生的收入应计入的科目是（　　）。

A. 其他业务收入　　B. 主营业务收入　　C. 投资收益　　D. 营业外收入

3. 收到某公司归还货款的转账支票一张，则应（　　）。

A. 贷记银行存款　　B. 借记库存现金

C. 借记银行存款　　D. 贷记库存现金

4. 销售产品一批，价款100 000元，增值税17 000元，货款尚未收回。该笔业务编制的会计分录是（　　）。

A. 多借多贷　　B. 一借多贷　　C. 一贷多借　　D. 一借一贷

5. 企业发生的下列各项费用中，不应计入销售费用的是（　　）。

A. 销售部门办公设备折旧费　　B. 销售商品广告费

C. 销售商品应结转的商品成本　　D. 销售人员工资

6. 下列费用中不属于销售费用的是（　　）。

A. 广告费　　B. 企业在销售过程中的运输费

C. 修理费　　D. 销售机构人员职工薪酬

7. 按企业管理人员的工资计提的福利费，应计入（　　）。

A. 管理费用的借方　　B. 生产成本的贷方

C. 管理费用的贷方　　D. 生产成本的借方

二、多项选择题

1. 下列各项收到的款项中，属于收入的有（　　）。

A. 出售无形资产收到的价款　　B. 出租固定资产收到的租金

C. 销售商品收取的增值税　　D. 出售原材料收到的价款

2. 下列各项应该计入一般企业其他业务收入科目中的有（　　）。

A. 出租汽车收入　　B. 出售股票收入

C. 出售自用房屋收入　　D. 出售废料收入

3. 对于工业企业而言，属于主营业务收入的是（　　）。

A. 材料销售收入　　B. 产成品销售收入

C. 自制半成品销售收入　　D. 工业性劳务收入

4. 应收账款的入账价值包括（　　）。

A. 销售货物或提供劳务的价款　　B. 增值税进项税额

C. 代购货方垫付的包装费或运杂费　　D. 增值税销项税额

5. 企业销售商品时，所涉及的科目可能有（　　）。

A. 主营业务收入

B. 应交税费——应交增值税（销项税额）

C. 应收账款

D. 应付账款

6. 应计入其他业务收入科目的有（　　）。

A. 无法偿还的债务　　B. 销售材料收入

C. 销售产品收入　　D. 出租包装物收入

7. 甲公司预收货款20%，商品尚未发出，则该公司在收到该笔款项时可能涉及的账户有（　　）。

A. 应收账款　　B. 预收账款　　C. 银行存款　　D. 主营业务收入

8. 下列各项中，属于企业应收款项的有（　　）。

A. 预收账款　　B. 应收票据　　C. 其他应收款　　D. 应收账款

9. 下列各项税费中，通过税金及附加科目核算的有（　　）。

A. 教育费附加　　B. 营业税

C. 增值税　　D. 城市维护建设税

10. 企业销售商品，结转成本时应（　　）。

A. 贷记库存商品　　B. 借记库存商品

C. 借记主营业务成本　　D. 贷记主营业务成本

11. （　　）属于企业的期间费用。

A. 管理费用　　B. 销售费用　　C. 财务费用　　D. 制造费用

12. 企业发生的下列各项费用中，应计入管理费用的有（　　）。

A. 业务招待费　　B. 行政部门办公设备折旧费

C. 行政管理人员工资　　D. 在建期间发生的开办费

13. 行政人员出差回来报销差旅费1 300元，交回现金200元。该项经济业务的会计分录应为（　　）。

A. 贷：其他应收款　　1 500　　B. 借：库存现金　　200

C. 借：管理费用　　1 300　　D. 贷：其他应收款　　1 300

14. 用银行存款支付水电费，这项经济业务涉及的会计科目有（　　）。

A. 水电费　　B. 银行存款

C. 管理费用　　D. 库存现金

15. 下列项目中，属于管理费用的是（　　）。

A. 行政管理部门耗用材料　　B. 行政管理人员工资

C. 车间管理人员工资　　D. 销售部门人员工资

三、判断题

1. 预收账款账户借方登记预收购货方的销货款和购货方补付的款项，贷方登记向购货方发出商品销售实现的货款和退回多付的款项。（　　）

2. 主营业务成本账户核算企业主要经营业务而发生的实际成本，借方登记本期发生的销售成本，贷方登记结转计入本年利润的金额，结转后无余额。（　　）

3. 主营业务收入账户的借方登记已确认实现的销售收入。（　　）

4. 企业发生的展览费和广告费应计入销售费用科目核算。（　　）

5. 管理费用是企业行政管理部门为组织和管理生产经营活动而发生的各项费用，包括行政人员的工资和福利费、办公费、折旧费、广告宣传费、借款利息等。（　　）

6. 企业行政管理部门使用的固定资产所计提的折旧计入制造费用科目核算。（　　）

7. 企业为销售本企业商品而专设的销售机构发生的职工薪酬、业务费、折旧费等，应通过销售费用科目核算。（　　）

四、综合题

金山工厂某年12月发生如下交易或事项：

（1）销售A产品300件，单价为550元，开具增值税专用发票，价款为165 000元，增值税28 050元，款项存入银行。

（2）销售B产品500件给旺兴公司，单价310元，开具增值税专用发票，价款为155 000元，增值税26 350元，货款尚未收到。

（3）销售B产品350件给明辉公司，单价310元，开具增值税专用发票，价款为108 500元，增值税18 445元，收到对方开出的期限为3个月、金额为126 945元的商业汇票。

（4）销售多余的材料400千克，单价30元，开具增值税专用发票，价款为12 000元，增值税2 040元，款项存入银行。

（5）6日，预收红花公司的货款20 000元。

（6）10日，发出A产品40件，单价550元，开具增值税专用发票，价款为22 000元，增值税3 740元。

（7）15日，收到红花公司补付的货款。

（8）以银行存款支付产品销售的广告费5 000元。

（9）31日，大明公司结转已销A产品340件，单位成本465元，总成本158 100元，B产品850件，单位成本220元，总成本187 000元。

（10）31日，结转本月已销材料销售成本10 000元。

要求：请编制会计分录并写入表4-13。

表4-13　会计分录（6）

（1）	（2）
（3）	（4）
（5）	（6）
（7）	（8）
（9）	（10）

问题五　利润形成与分配过程的核算

一、单项选择题

1. 企业确认的所得税，应计入的借方科目是（　　）。

A. 销售费用　　B. 所得税费用　　C. 应交税费　　D. 财务费用

2. 下列账户中，期末结转后无余额的账户是（　　）。

A. 实收资本　　B. 管理费用　　C. 固定资产　　D. 应付账款

3. 企业计算应交所得税进行会计处理时，下列会计分录中，正确的是（　　）。

A. 借：管理费用
　　贷：所得税费用

B. 借：本年利润
　　贷：所得税费用

C. 借：所得税费用
　　贷：应交税费——应交所得税

D. 借：所得税费用
　　贷：银行存款

4. 下列关于本年利润科目借方余额的表述中，正确的是（　　）。

A. 本年累计产生的亏损总额　　B. 收入总额

C. 本年累计取得的利润总额　　D. 费用总额

5. 留存收益，主要包括计提的（　　）和（　　）。

A. 盈余公积；利润分配　　B. 盈余公积；利润总额

C. 盈余公积；资本公积　　D. 盈余公积；未分配利润

6. 利润分配科目的年末贷方余额表示（　　）。

A. 累计尚未弥补的亏损　　B. 本期实现的净利润

C. 本期发生的净亏损　　D. 累计尚未分配的利润

7. 某公司年初利润分配——未分配利润为借方余额400 000元，本年实现净利润700 000元。若按10%计提法定盈余公积，则本年应提取的法定盈余公积为（　　）元。

A. 300 000　　B. 0　　C. 1 100 000　　D. 700 000

8. 可以用于弥补以前年度亏损和转增资本的是（　　）。

A. 资本公积　　B. 公益金　　C. 未分配利润　　D. 盈余公积

二、多项选择题

1. 下列各项中，应计入营业外支出的有（　　）。

A. 非常损失　　B. 罚款支出

C. 非流动资产处置损失　　D. 公益性捐款支出

2. 企业本年度应纳所得税税额为2 000 000元，按25%的所得税率计算，本年度应交所得税为500 000元，则该项经济业务所涉及的账户有（　　）。

A. 应交税费　　B. 其他应收款　　C. 税金及附加　　D. 所得税费用

3. 下列各项中，属于营业收入的有（　　）。

A. 营业外收入　　B. 提供劳务收入

C. 销售商品收入　　D. 让渡资产使用权收入

4. 期末，下列（　　）账户的余额应转入本年利润账户。

A. 管理费用　　B. 制造费用　　C. 主营业务成本　　D. 投资收益

5. 财务成果的计算和处理一般包括（　　）。

A. 利润总额的计算　　B. 亏损弥补　　C. 净利润的计算　　D. 所得税的计算

6. （　　）账户期末一般没有余额。

A. 生产成本　　B. 投资收益　　C. 主营业务成本　　D. 累计折旧

7. 下列选项中，企业应计入营业外支出的有（　　）。

A. 无形资产处置净损失　　B. 固定资产盘亏净损失

C. 经营租出固定资产折旧费　　D. 销售材料成本

8. 下列损益类账户中，期末应将其余额转入本年利润账户借方的有（　　）。

A. 主营业务成本　　B. 营业外收入

C. 主营业务收入　　D. 营业外支出

9. 企业利润总额包括（　　）。

A. 营业利润　　B. 净利润　　C. 营业外收入　　D. 营业外支出

10. 关于本年利润账户，下列说法中，正确的有（　　）。

A. 借方余额为本年发生的亏损额　　B. 借方登记期末转入的各项支出额

C. 年末经结转后该账户没有余额　　D. 贷方余额为本年实现的净利润额

11. 下列账户中，年末一般没有余额的有（　　）。

A. 生产成本　　B. 应交税费　　C. 财务费用　　D. 管理费用

12. 下列所有者权益项目中，由企业净利润形成的有（　　）。

A. 资本公积　　B. 未分配利润　　C. 实收资本　　D. 盈余公积

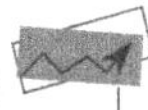

13. 以资本公积转增资本的经济业务，所涉及的会计科目和记账方向是（　　）。

A. 资本公积、贷方　　B. 实收资本、贷方

C. 实收资本、借方　　D. 资本公积、借方

14. 在我国，留存收益包括（　　）。

A. 投资者投入的资本　　B. 直接计入所有者权益的利得

C. 盈余公积　　D. 未分配利润

15. 企业每期实现的净利润，首先应弥补以前年度尚未弥补的亏损，然后（　　）。

A. 提取盈余公积　　B. 向投资者分配利润

C. 支付银行借款利息　　D. 计算应交所得税

16. 下列业务中引起实收资本增加的是（　　）。

A. 计提盈余公积　　B. 企业按照法定程序减少注册资本

C. 盈余公积转增资本　　D. 资本公积转增资本

三、判断题

1. 工业企业出租固定资产取得的收入应确认为营业外收入。（　　）
2. 本年利润账户年末结转后一定没有余额。（　　）
3. 制造费用和管理费用都应当在期末转入本年利润账户。（　　）
4. 企业所得税是一种具有强制性、无偿性的费用支出。（　　）
5. 企业应设置本年利润科目，核算企业当期实现的净利润或发生的净亏损。（　　）
6. 主营业务成本账户的期末余额应结转至本年利润账户的贷方。（　　）
7. 年度终了，企业应将本年利润账户的数额转入利润分配——未分配利润账户。（　　）
8. 某单位因违反合同的规定支付给甲企业200 000元违约金，则甲企业应作为收入。（　　）
9. 债权人有权参与企业利润分配。（　　）
10. 企业在提取法定盈余公积前不得向投资者分配利润。（　　）

四、综合题

金山工厂某年12月发生如下交易或事项：

（1）收到被投资单位分来的现金股利23 000元，存入银行。

（2）取得罚款收入3 000元，存入银行。

（3）以银行存款向灾区捐款20 000元。

（4）31日，向银行支付短期借款利息600元。

（5）31日，计算本月应交城市维护建设税1 243.55元，应交教育费附加532.95元。

（6）31日，将主营业务收入450 500元、其他业务收入12 000元、投资收益23 000元、营业外收入3 000元结转到“本年利润”账户。

（7）31日，将主营业务成本345 100元、其他业务成本10 000元、管理费用15 800元、销售费用5 000元、财务费用600元、税金及教育费附加1 776.50元、营业外支出20 000元结转到本年利润账户。

（8）31日，按所得税税率25%计算并结转本月所得税费用（假设不存在纳税调整项目）。

（9）31日，假定公司年终本年利润账户贷方余额为650 000元。经决议利润分配方案为：本年提取10%法定盈余公积金、提取5%任意盈余公积金，向投资者分配现金股利100 000元。按此方案进行年终结转。

要求：请编制会计分录并写入表4-14。

表4-14　会计分录（7）

（1）	（2）
（3）	（4）
（5）	（6）
（7）	（8）
（9）	

项目五　填制和审核记账凭证

任务一　认知记账凭证

一、单项选择题

1. 在实际工作中，规模小、业务简单的单位，为了简化会计核算工作，可以使用一种统一格式的（　　）。

A. 收款凭证　　B. 通用记账凭证　　C. 转账凭证　　D. 付款凭证

2. （　　）是根据有关现金和银行存款收入业务的原始凭证填制的。

A. 转账凭证　　B. 付款凭证　　C. 原始凭证　　D. 收款凭证

3. （　　）是会计人员根据审核无误的原始凭证分析整理，确定会计分录，作为登账依据的会计凭证。

A. 原始凭证　　B. 原始凭证汇总表　　C. 记账凭证　　D. 转账凭证

4. 记账凭证是由（　　）编制的。

A. 经办单位　　B. 会计人员　　C. 出纳人员　　D. 经办人员

5. 企业常用的收款凭证、付款凭证和转账凭证均属于（　　）。

A. 复式凭证　　B. 一次凭证　　C. 单式凭证　　D. 通用凭证

6. 转账凭证是指为发生的（　　）而编制的记账凭证。

A. 现金收支业务　　B. 不涉及货币资金收支的业务

C. 银行存款转账业务　　D. 期末的结账业务

7. 属于记账凭证，不属于原始凭证的内容是（　　）。

A. 填制凭证　　B. 应借应贷账户的名称及金额

C. 接收凭证的单位名称　　D. 经济业务的内容摘要、实物数量和金额

8. 下列各项中，可以作为涉及会计科目较多、需填制多张记账凭证的经济业务编号方法的是（　　）。

A. 分数编号法　　B. 同一编号法　　C. 连续编号法　　D. 以上都不对

9. 记账凭证填制完毕后，如有空行应（　　）。

A. 空置不填　　B. 盖章注销　　C. 签字注销　　D. 划线注销

10. 记账凭证上记账栏中的“√”记号表示的是（　　）。

A. 此凭证作废　　B. 已经登记入账　　C. 此凭证编制正确　　D. 不需登记入账

11. 可以不附原始凭证的记账凭证是（　　）。

A. 以现金发放工资的记账凭证　　B. 更正错误的记账凭证

C. 职工临时性借款的记账凭证　　D. 从银行提取现金的记账凭证

12. 3月13日，销售人员张某拿标明日期为2月14日的发票到财务室报销，经审核后会计人员依据该发票编制记账凭证时，记账凭证的日期应为（　　）。

A. 2月14日　　B. 3月1日　　C. 2月28日　　D. 3月13日

二、多项选择题

1. 记账凭证按其反映的经济业务内容不同，通常分为（　　）。

A. 转账凭证　　B. 收款凭证　　C. 付款凭证　　D. 原始凭证

2. 下列经济业务中，不应填制转账凭证的是（　　）。

A. 用银行存款偿还短期借款　　B. 用现金支付工资

C. 收回应收账款　　D. 生产领用原材料

3. 记账凭证按填列方式不同，分为（　　）。

A. 收款凭证　　B. 单式凭证　　C. 复式凭证　　D. 转账凭证

4. 借记管理费用和库存现金；贷记其他应收款，这组会计分录，应编制的记账凭证是（　　）。

A. 收款凭证　　B. 汇总记账凭证　　C. 转账凭证　　D. 付款凭证

5. 下列各项业务中，不应填制现金收款凭证的有（　　）。

A. 销售材料收到转账支票　　B. 从银行提取现金

C. 出售报废固定资产收到现金　　D. 以现金发放工资

6. 下列选项中，属于登记现金日记账和银行存款日记账依据的有（　　）。

A. 明细分类账　　B. 付款凭证　　C. 总分类账　　D. 收款凭证

7. 下列选项中，可以作为记账凭证编制依据的有（　　）。

A. 若干张同类原始凭证　　B. 每一张原始凭证

C. 原始凭证汇总表　　D. 付款凭证

8. 下列经济业务中，应填制付款凭证的有（　　）。

A. 提库存现金备用　　B. 以存款支付前欠某单位账款

C. 购买材料未付款　　D. 购买材料预付定金

9. 下列科目中，可能成为付款凭证借方科目的有（　　）。

A. 库存现金　　B. 银行存款　　C. 应交税费　　D. 销售费用

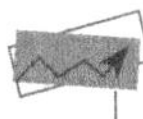

10. 下列选项中，应编制转账凭证的有（ ）。

A. 购入材料，开出转账支票付款　　B. 购入材料，货款未付

C. 计算应交的教育费附加　　D. 产品完工入库，结转其成本

11. 下列会计科目中，适用于按会计科目贷方分别编制汇总付款凭证的有（ ）。

A. 其他应付款　　B. 应付账款　　C. 银行存款　　D. 库存现金

12. 专用记账凭证按所反映的经济业务是否与库存现金和银行存款有关，通常可以分为（ ）。

A. 转账凭证　　B. 付款凭证　　C. 收款凭证　　D. 结算凭证

13. 除（ ）的记账凭证可以不附原始凭证外，其他记账凭证必须附有原始凭证。

A. 现金业务　　B. 转账业务　　C. 更正错误　　D. 结账

14. 记账凭证必须具备的基本内容有（ ）。

A. 会计分录　　B. 记账凭证的名称

C. 填制日期和编号　　D. 经济业务的简要说明

15. 记账凭证的填制必须做到记录真实、内容完整、填制及时、书写清楚，还必须符合（ ）的要求。

A. 如有空行，应当在空行处划线注销

B. 发生错误应该按规定的方法更正

C. 除另有规定外，应该有附件并注明附件张数

D. 必须连续编号

16. 下列项目中，属于原始凭证和记账凭证共同具备的基本内容的是（ ）。

A. 有关人员的签章　　B. 填制及接收单位的名称

C. 凭证的名称及编号　　D. 填制凭证的日期

17. 下列选项中，可以不附原始凭证而直接填制记账凭证的有（ ）。

A. 计提职工福利费　　B. 转账支付水电费

C. 结账　　D. 更正错账

18. 对于职工外出借款凭据，正确的处理方法有（ ）。

A. 收回借款时另开收据　　B. 收回借款时退回原借款收据

C. 收回借款时退回原借款收据副本　　D. 必须附在原始凭证之后

三、判断题

1. 从银行提取现金，既可以编制现金收款凭证，也可以编制银行存款付款凭证。（ ）
2. 企业将现金存入银行或从银行提取现金，只编制收款凭证，不编制付款凭证。（ ）
3. 在实际工作中，规模大、业务复杂的单位，可以使用一种格式的通用记账凭证。（ ）
4. 收款凭证左上角的“贷方科目”按收款的性质填写“现金”或“银行存款”。（ ）
5. 对于涉及“现金”和“银行存款”之间的经济业务，应编制付款凭证。（ ）
6. 记账凭证的内容与原始凭证相同。（ ）
7. 一切外来的原始凭证都是一次凭证。（ ）
8. 凭证中最具法律效力的是原始凭证。（ ）

9. 收料单、领料单、工资费用分配表、折旧计算表属于专用凭证。（ ）

10. 将记账凭证分为收款凭证、付款凭证和转账凭证的依据是凭证填制手续的不同。（ ）

11. 采用累计原始凭证可以减少凭证的数量和记账的次数。（ ）

12. 付款凭证左上角“借方科目”处，应填写库存现金或银行存款科目。（ ）

13. 库存现金付款凭证是出纳人员付出现金的依据。（ ）

14. 在填制记账凭证时，可以只填会计科目的编号，不填会计科目的名称，以简化记账凭证的编制。（ ）

15. 任何会计凭证都必须经过有关人员的严格审核，确认无误后，才能作为记账的依据。（ ）

16. 记账凭证的填制日期应当与原始凭证相同。（ ）

17. 记账凭证填制完经济业务事项后，如有空行，应当自金额栏最后一笔金额数字下的空行处至合计数上的空行处划线注销。（ ）

18. 所有的记账凭证都必须附有原始凭证，否则，不能作为记账的依据。（ ）

19. 会计凭证上填写的“人民币”字样或符号“¥”与汉字大写金额数字或阿拉伯金额数字之间应留有空白。（ ）

20. 只要是真实的原始凭证，就可以以此编制记账凭证。（ ）

21. 除结账和更正错误的记账凭证可以不附原始凭证外，其他记账凭证必须附有原始凭证。（ ）

任务二 掌握填制记账凭证的方法

一、单项选择题

1. 企业销售库存商品一批，商品已经发出，货款已存入银行，这笔业务应该填制的记账凭证是（ ）。

A. 付款凭证　B. 累计凭证　C. 收款凭证　D. 转账凭证

2. 对于购进材料，但货款未付的经济业务，会计人员应编制（ ）。

A. 收料单　B. 收款凭证　C. 付款凭证　D. 转账凭证

3. 从银行提取现金的业务，会计应编制（ ）。

A. 转账凭证　B. 收款凭证

C. 付款凭证或银行收款凭证　D. 付款凭证

4. 出纳人员付出货币资金的依据是（　　）。

A. 付款凭证　　B. 原始凭证　　C. 转账凭证　　D. 收款凭证

5. 计提固定资产折旧的业务应编制（　　）。

A. 收款凭证　　B. 转账凭证

C. 收款、付款、转账凭证均可　　D. 付款凭证

6. 某公司出纳李某将公司现金交存开户银行，应编制（　　）。

A. 现金付款凭证　　B. 现金收款凭证

C. 银行收款凭证　　D. 银行付款凭证

7. 从银行提取现金，应填制的记账凭证是（　　）。

A. 库存现金付款凭证　　B. 银行存款付款凭证

C. 库存现金收款凭证　　D. 银行存款收款凭证

8. 下列应编制付款凭证的业务是（　　）。

A. 接收投资者投入80 000元　　B. 购入材料10 000元，货款未付

C. 收回前欠货款30 000元　　D. 以银行存款归还前欠货款40 000元

9. 编制转账凭证时，借方不可能出现的会计科目是（　　）。

A. 主营业务成本　　B. 管理费用

C. 银行存款　　D. 应收账款

10. 从银行提取现金的业务，应根据（　　）登记库存现金日记账的收入栏。

A. 银行存款收款凭证　　B. 银行存款付款凭证

C. 库存现金收款凭证　　D. 库存现金付款凭证

11. 对于借记应收账款科目，贷记主营业务收入科目的业务，应填制（　　）。

A. 付款凭证　　B. 转账凭证

C. 收款凭证　　D. 收款凭证或付款凭证

12. 某单位购入设备一台，价款2 000 000元，用银行存款支付1 600 000元，另400 000元则签发了商业汇票。对这一经济业务，单位应编制的记账凭证为（　　）。

A. 编制一张转账凭证　　B. 编制一张转账凭证和一张付款凭证

C. 编制一张付款凭证　　D. 编制一张收款凭证

13. 某企业一次购入多种原材料，货款通过银行付清，材料已验收入库。该业务的资料有：发票1张，银行结算凭证1张，收料单3张，材料请购单3张。该企业按实际成本核算材料，则此项业务记账凭证的附件张数应是（　　）张。

A. 4　　B. 2　　C. 8　　D. 5

二、多项选择题

1. 李文出差回来，报销差旅费1 600元，原预借1 500元，这笔业务应该编制的记账凭证有（　　）。

A. 付款凭证　　B. 原始凭证　　C. 收款凭证　　D. 转账凭证

2. 收款凭证中“借方科目”可能涉及的账户有（　　）。

A. 库存现金　　B. 银行存款　　C. 应付账款　　D. 应收账款

3. 下列经济业务中，应填制付款凭证的是（　　）。

A. 提现金备用　　B.购买材料预付定金

C. 购买材料未付款　　D. 以存款支付前欠某单位账款

4. 应在现金收、付款记账凭证上签字的有（　　）等。

A. 制证人员　　B. 登账人员　　C. 审核人员　　D. 会计主管

5. 下列记账凭证中可以不附原始凭证的有（　　）。

A. 收款凭证　　B. 付款凭证

C. 结账的记账凭证　　D. 更正错账的记账凭证

6. 记账凭证的填制，可以根据（　　）填制。

A. 每一张原始凭证　　B. 若干张同类原始凭证

C. 原始凭证汇总表　　D. 账簿记录

7. 王明出差回来，报销差旅费1 000元，原预借1 500元，交回剩余现金500元，这笔业务应该编制的记账凭证有（　　）。

A. 付款凭证　　B. 收款凭证　　C. 转账凭证　　D. 原始凭证

三、判断题

1. 单位购入甲材料48 000元，货款以银行存款支付40 000元，其余8 000元暂欠，该笔业务应编一张转账凭证。（　　）

2. 记账凭证中，日期填写的是经济业务实际发生的时间。（　　）

3. 从银行提取现金，既可以编制现金收款凭证，也可编制银行存款付款凭证。（　　）

4. 将现金存入银行应同时编制银行存款收款凭证和现金付款凭证。（　　）

5. 从银行提取现金时，为避免重复记账只编制现金收款凭证。（　　）

6. 凡是现金或银行存款增加的经济业务必须填制收款凭证，不填制付款凭证。（　　）

四、综合题

1. 某公司2017年10月发生的经济业务如下：

（1）4日，收到A公司偿还的前欠货款30 000元，存入银行。

（2）5日，销售一批乙产品，售价80 000元，已开增值税专用发票。收到支票一张，已存入银行。

（3）6日，购进甲材料一批，取得的专用发票上记载的货款为10 000元，增值税1 700元。全部款项已用银行存款支付，材料运到并验收入库。

（4）7日，接收H公司投资款1 200 000元，存入银行。

（5）8日，接收大华公司投资的不需安装即可使用的机器设备一台，价值30 000元。

（6）10日，从G公司购进甲材料一批，取得的专用发票上记载的货款为80 000元，增值税13 600元。款项尚未支付，材料运到并验收入库。

（7）11日，以银行存款偿还已到期的长期借款80 000元。

（8）12日，生产乙产品领用甲材料40 000元。

（9）16日，根据合同规定，预收M公司购买乙产品的价款40 000元，已存入银行。

（10）20日，从银行提取现金1 000元，备用。

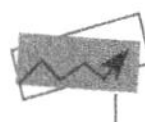

（11）21日，购买办公用品，发票上记载金额为600元，以现金支付。

（12）28日，取得短期借款20 000元，存入银行。

（13）30日，办公室主任李强出差预借差旅费800元，以现金支付。

（14）31日，按规定计提固定资产折旧费38 000元，其中，生产车间使用的固定资产计提20 000元，公司行政管理部门使用的固定资产计提18 000元。

（15）31日，销售乙产品一批给四方公司，售价16 000元，增值税税率17%，商品已发出，款项尚未收到。

要求：根据上述交易事项填制专用记账凭证（表5–1至表5–15）。

根据经济业务（　　）填制专用记账凭证，如表5–1所示。

表5–1　收款凭证（1）

收 款 凭 证

借方科目：　　　　年　月　日　　　　字第　号

摘　要	贷方科目		金　额										√
	总账科目	明细科目	千	百	十	万	千	百	十	元	角	分	
附件　　张		合　　计											

会计主管：　　记账：　　出纳：　　复核：　　制单：

根据经济业务（　　）填制专用记账凭证，如表5–2所示。

表5–2　收款凭证（2）

收 款 凭 证

借方科目：　　　　年　月　日　　　　字第　号

摘　要	贷方科目		金　额										√
	总账科目	明细科目	千	百	十	万	千	百	十	元	角	分	
附件　　张		合　　计											

会计主管：　　记账：　　出纳：　　复核：　　制单：

根据经济业务（　　）填制专用记账凭证，如表5-3所示。

表5-3　收款凭证（3）

收款凭证

借方科目：　　　　　　　　　　　年　月　日　　　　　　　　　　　字第　号

摘　要	贷方科目		金　额										√
	总账科目	明细科目	千	百	十	万	千	百	十	元	角	分	
附件　张		合　计											

会计主管：　　　　记账：　　　　出纳：　　　　复核：　　　　制单：

根据经济业务（　　）填制专用记账凭证，如表5-4所示。

表5-4　收款凭证（4）

收款凭证

借方科目：　　　　　　　　　　　年　月　日　　　　　　　　　　　字第　号

摘　要	贷方科目		金　额										√
	总账科目	明细科目	千	百	十	万	千	百	十	元	角	分	
附件　张		合　计											

会计主管：　　　　记账：　　　　出纳：　　　　复核：　　　　制单：

根据经济业务（　　）填制专用记账凭证，如表5-5所示。

表5-5　收款凭证（5）

收款凭证

借方科目：　　　　　　　　　　　年　月　日　　　　　　　　　　　字第　号

摘　要	贷方科目		金　额										√
	总账科目	明细科目	千	百	十	万	千	百	十	元	角	分	
附件　张		合　计											

会计主管：　　　　记账：　　　　出纳：　　　　复核：　　　　制单：

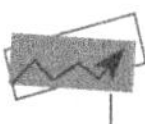

根据经济业务（　　）填制专用记账凭证，如表5-6所示。

表5-6　付款凭证（1）

付款凭证

贷方科目：　　　　　　　　　　　　年　月　日　　　　　　　　　　　　字第　号

摘　要	借方科目		金　额										√
	总账科目	明细科目	千	百	十	万	千	百	十	元	角	分	
附件　　张		合　　计											

会计主管：　　　　记账：　　　　出纳：　　　　复核：　　　　制单：

根据经济业务（　　）填制专用记账凭证，如表5-7所示。

表5-7　付款凭证（2）

付款凭证

贷方科目：　　　　　　　　　　　　年　月　日　　　　　　　　　　　　字第　号

摘　要	借方科目		金　额										√
	总账科目	明细科目	千	百	十	万	千	百	十	元	角	分	
附件　　张		合　　计											

会计主管：　　　　记账：　　　　出纳：　　　　复核：　　　　制单：

根据经济业务（　　）填制专用记账凭证，如表5-8所示。

表5-8　付款凭证（3）

付款凭证

贷方科目：　　　　　　　　　　　　年　月　日　　　　　　　　　　　　字第　号

摘　要	借方科目		金　额										√
	总账科目	明细科目	千	百	十	万	千	百	十	元	角	分	
附件　　张		合　　计											

会计主管：　　　　记账：　　　　出纳：　　　　复核：　　　　制单：

根据经济业务（　　）填制专用记账凭证，如表5-9所示。

表5-9　付款凭证（4）

付款凭证

贷方科目：　　　　　　　　　　年　月　日　　　　　　　　　字第　号

摘　要	借方科目		金　额										√
	总账科目	明细科目	千	百	十	万	千	百	十	元	角	分	
附件　张		合　计											

会计主管：　　　记账：　　　出纳：　　　复核：　　　制单：

根据经济业务（　　）填制专用记账凭证，如表5-10所示。

表5-10　付款凭证（5）

付款凭证

贷方科目：　　　　　　　　　　年　月　日　　　　　　　　　字第　号

摘　要	借方科目		金　额										√
	总账科目	明细科目	千	百	十	万	千	百	十	元	角	分	
附件　张		合　计											

会计主管：　　　记账：　　　出纳：　　　复核：　　　制单：

根据经济业务（　　）填制专用记账凭证，如表5-11所示。

表5-11　转账凭证（1）

转账凭证

年　月　日　　　　　　　　　字第　号

摘　要	会计科目		借方金额										贷方金额										√
	总账科目	明细科目	千	百	十	万	千	百	十	元	角	分	千	百	十	万	千	百	十	元	角	分	
附件　张		合　计																					

会计主管：　　　记账：　　　复核：　　　制单：

根据经济业务（　　）填制专用记账凭证，如表5-12所示。

表5-12　转账凭证（2）

转 账 凭 证

年　月　日　　　　　　　　字第　号

摘要	会计科目		借方金额										贷方金额										√
	总账科目	明细科目	千	百	十	万	千	百	十	元	角	分	千	百	十	万	千	百	十	元	角	分	
附件　张		合　计																					

会计主管：　　　　记账：　　　　复核：　　　　制单：

根据经济业务（　　）填制专用记账凭证，如表5-13所示。

表5-13　转账凭证（3）

转 账 凭 证

年　月　日　　　　　　　　字第　号

摘要	会计科目		借方金额										贷方金额										√
	总账科目	明细科目	千	百	十	万	千	百	十	元	角	分	千	百	十	万	千	百	十	元	角	分	
附件　张		合　计																					

会计主管：　　　　记账：　　　　复核：　　　　制单：

根据经济业务（　　）填制专用记账凭证，如表5-14所示。

表5-14　转账凭证（4）

转 账 凭 证

年　月　日　　　　　　　　字第　号

摘要	会计科目		借方金额										贷方金额										√
	总账科目	明细科目	千	百	十	万	千	百	十	元	角	分	千	百	十	万	千	百	十	元	角	分	
附件　张		合　计																					

会计主管：　　　　记账：　　　　复核：　　　　制单：

根据经济业务（　　）填制专用记账凭证，如表5-15所示。

表5-15　转账凭证（5）

转 账 凭 证

年　月　日　　　　　　　　　　字第　号

摘 要	会计科目		借方金额										贷方金额										√
	总账科目	明细科目	千	百	十	万	千	百	十	元	角	分	千	百	十	万	千	百	十	元	角	分	
附件　张		合　计																					

会计主管：　　　　记账：　　　　复核：　　　　制单：

2. 某企业2017年11月发生的经济业务如下：

（1）6日，将现金60 000元存入银行。

（2）8日，购Z设备一台，价值500 000元，签发给对方5个月期限的商业汇票一张。

（3）10日，购入原材料一批，价款20 000元（不含税价），增值税税率17%，材料已验收入库，并以银行存款支付了货款。

（4）13日，以银行存款支付保险费1 700元。

（5）25日，企业销售商品，商品销售价款260 000元（不含税价），增值税税率17%，其中之前预收对方50 000元，其余款项未收到，但已确认计入收入，编制确认收入的分录。

（6）30日，根据考勤记录和产量记录计算本月应付的职工工资，其中生产工人工资为19 000元，车间一般人员工资为3 500元，厂部行政管理部门人员工资为5 000元。

（7）30日，计算本月应交所得税4 800元。

要求：根据业务（1）至（7）顺序填列下面的通用记账凭证（表5-16～表5-22）。

根据经济业务（　　）填制通用记账凭证，如表5-16所示。

表5-16　记账凭证（1）

记 账 凭 证

年　月　日　　　　　　　　　　字第　号

摘 要	会计科目		借方金额										贷方金额										√
	总账科目	明细科目	千	百	十	万	千	百	十	元	角	分	千	百	十	万	千	百	十	元	角	分	
附件　张		合　计																					

会计主管：　　　　记账：　　　　出纳：　　　　复核：　　　　制单：

根据经济业务（　　）填制通用记账凭证，如表5-17所示。

表5-17　记账凭证（2）

记 账 凭 证

年　月　日　　　　　　　　　　字第　号

摘要	会计科目		借方金额										贷方金额										√
	总账科目	明细科目	千	百	十	万	千	百	十	元	角	分	千	百	十	万	千	百	十	元	角	分	
附件　张		合　计																					

会计主管：　　　记账：　　　出纳：　　　复核：　　　制单：

根据经济业务（　　）填制通用记账凭证，如表5-18所示。

表5-18　记账凭证（3）

记 账 凭 证

年　月　日　　　　　　　　　　字第　号

摘要	会计科目		借方金额										贷方金额										√
	总账科目	明细科目	千	百	十	万	千	百	十	元	角	分	千	百	十	万	千	百	十	元	角	分	
附件　张		合　计																					

会计主管：　　　记账：　　　出纳：　　　复核：　　　制单：

根据经济业务（　　）填制通用记账凭证，如表5-19所示。

表5-19　记账凭证（4）

记 账 凭 证

年　月　日　　　　　　　　　　字第　号

摘要	会计科目		借方金额										贷方金额										√
	总账科目	明细科目	千	百	十	万	千	百	十	元	角	分	千	百	十	万	千	百	十	元	角	分	
附件　张		合　计																					

会计主管：　　　记账：　　　出纳：　　　复核：　　　制单：

根据经济业务（　　）填制通用记账凭证，如表5-20所示。

表5-20　记账凭证（5）

记账凭证

年　月　日　　　　　　　　　　　　字第　号

摘要	会计科目		借方金额										贷方金额										√
	总账科目	明细科目	千	百	十	万	千	百	十	元	角	分	千	百	十	万	千	百	十	元	角	分	
附件　张		合　计																					

会计主管：　　　记账：　　　出纳：　　　复核：　　　制单：

根据经济业务（　　）填制通用记账凭证，如表5-21所示。

表5-21　记账凭证（6）

记账凭证

年　月　日　　　　　　　　　　　　字第　号

摘要	会计科目		借方金额										贷方金额										√
	总账科目	明细科目	千	百	十	万	千	百	十	元	角	分	千	百	十	万	千	百	十	元	角	分	
附件　张		合　计																					

会计主管：　　　记账：　　　出纳：　　　复核：　　　制单：

根据经济业务（　　）填制通用记账凭证，如表5-22所示。

表5-22　记账凭证（7）

记账凭证

年　月　日　　　　　　　　　　　　字第　号

摘要	会计科目		借方金额										贷方金额										√
	总账科目	明细科目	千	百	十	万	千	百	十	元	角	分	千	百	十	万	千	百	十	元	角	分	
附件　张		合　计																					

会计主管：　　　记账：　　　出纳：　　　复核：　　　制单：

任务三　掌握审核记账凭证的方法

一、单项选择题

1. 除结账和（　　）的记账凭证可以不附原始凭证外，其他记账凭证必须附有原始凭证。

A. 销售业务　　B. 现金业务　　C. 转账业务　　D. 更正错误

2. 关于记账凭证的审核，下列表述中不正确的是（　　）。

A. 如果在填制记账凭证时发生错误，应当重新填制

B. 发现以前年度记账凭证有错误的，应当用红字填制一张更正的记账凭证

C. 必须审核会计科目是否正确

D. 必须审核记账凭证项目是否齐全

3. 下列说法中正确的是（　　）。

A. 已经登记入账的记账凭证，在当年内发现填写错误时，直接用蓝字重新填写一张正确的记账凭证即可

B. 发现以前年度记账凭证有错误的，可以用红字填写一张与原内容相同的记账凭证，再用蓝字重新填写一张正确的记账凭证

C. 如果会计科目没有错误只是金额错误，也可以将正确数字与错误数字之间的差额另填制一张调整的记账凭证，调增金额用蓝字，调减金额用红字

D. 发现以前年度记账凭证有错误的，应当用蓝字填制一张正确的记账凭证

二、多项选择题

1. 下列人员中，需要在记账凭证上签名或盖章的是（　　）。

A. 审核人员　　B. 制证人员　　C. 记账人员　　D. 会计主管人员

2. 除（　　）的记账凭证可以不附原始凭证外，其他记账凭证必须附有原始凭证。

A. 现金业务　　B. 原始凭证　　C. 结账　　D. 更正错误

3. 应在现金收、付款记账凭证上签字的有（　　）。

A. 会计主管　　B. 登账人员　　C. 制证人员　　D. 审核人员

4. 下列各项中，属于记账凭证审核内容的是（　　）。

A. 科目是否正确　　B. 项目是否齐全　　C. 书写是否正确　　D. 金额是否正确

5. 按照记账凭证的审核要求，下列内容中属于记账凭证审核内容的是（　　）。

A. 凭证的金额与所附原始凭证的余额是否一致

B. 凭证项目是否填写齐全

C. 凭证所列事项是否符合有关的计划和预算

D. 会计科目使用是否正确

6. 对原始凭证审核的内容包括（　　）。

A. 审核真实性　　B. 审核合理性　　C. 审核及时性　　D. 审核完整性

7. 记账凭证审核的内容包括（　　）。

A. 记账凭证是否附有原始凭证，记账凭证的经济内容与所附原始凭证的内容是否相符

B. 记账凭证中的项目是否填制完整，摘要是否清楚，有关人员的签章是否齐全

C. 应借应贷的会计科目的名称及其金额是否正确

D. 所附原始凭证所记载的经济业务是否合理合法

三、判断题

1. 编制记账凭证时，必须附有原始凭证。（　　）

2. 对于记账前发现的记账凭证填制错误，会计人员可以重新填制。（　　）

3. 记账凭证必须编号，如写错作废时，应加盖“作废”章，并全部保存，不允许撕毁。（　　）

4. 各种凭证若填写错误，不得随意涂改、刮擦、挖补。（　　）

5. 手工输入的记账凭证需要审核，机制凭证不需审核。（　　）

6. 审核人在审核记账凭证时发现错误可直接修改凭证。（　　）

7. 出纳人员在办理收款或付款业务后，应在凭证上加盖“收讫”或“付讫”的戳记。（　　）

任务四　熟悉会计凭证的传递与保管

一、单项选择题

1. 会计凭证的传递是指会计凭证从（　　）保管过程中，在单位内部各有关部门和人员之间的传递。

A. 取得或填制时起至归档　　B. 取得或填制时起至年末

C. 取得或填制时起至装订　　D. 取得或填制时起至销毁

2. 下列各项中，作为会计凭证复制借出批准人的是（　　）。

A. 财务经理　　B. 财务总监　　C. 财务负责人　　D. 单位负责人

3. 其他单位由于特殊原因需要使用原始凭证时，经本单位负责人批准，（　　）。

A. 只可以查阅不能复制　　B. 不可查阅或复制

C. 可以查阅或复制　　D. 可以借出

4. 关于会计凭证的归档保管，下列表述中错误的是（　　）。

A. 从外单位取得的原始凭证遗失时，应由开具单位重开

B. 原始凭证不得外借

C. 重要的原始凭证可以单独保管

D. 每月记账完毕，应将会计凭证按顺序号排列，装订成册

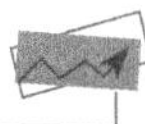

5. 在会计档案销毁清册上签署意见的人员，应是（　　）。

A. 总会计师　　B. 会计机构负责人

C. 主管会计人员　　D. 单位负责人

6. 下列关于会计凭证保管的说法中，不正确的是（　　）。

A. 会计凭证应定期装订成册，防止散失

B. 会计主管人员和保管人员应在封面上签章

C. 原始凭证不得外借，其他单位如有特殊原因确实需要使用，经本单位会计机构负责人、会计主管人员批准，可以复制

D. 经单位领导批准后，会计凭证在保管期满前可以销毁

二、多项选择题

1. 会计凭证的传递主要包括（　　）。

A. 传递路线　　B. 传递手续　　C. 传递效果　　D. 传递时间

2. 原始凭证较多时，可单独装订，但应在凭证封面注明所属记账凭证的（　　）。

A. 编号　　B. 种类　　C. 日期　　D. 保管期限

3. 下列关于会计凭证的传递的说法中，正确的有（　　）。

A. 确定传递时间

B. 建立会计凭证交接的签收制度

C. 规定传递程序

D. 会计凭证的传递是指从会计凭证的取得或填制时起至归档保管过程中，在单位内部有关部门和人员之间的传送程序

4. 会计凭证的保管，是指会计凭证记账后的（　　）工作。

A. 归档和存查　　B. 封存　　C. 装订　　D. 整理

5. 其他单位由于特殊原因需要使用本单位的原始凭证，正确的做法有（　　）。

A. 不可以外借，经本单位会计机构负责人批准，可以查阅

B. 其他单位应将从外单位取得的凭证复印件登记在专设的登记簿上

C. 可以外借

D. 不可以外借，经本单位会计机构负责人批准，可以复制

6. 在对会计凭证进行保管时，应该注意的地方有（　　）。

A. 会计凭证上应加贴封条，防止抽换凭证

B. 会计主管人员和保管人员应在封面上签章

C. 原始凭证必须附在记账凭证后面

D. 会计凭证应定期装订成册，防止散失

7. 下列关于会计凭证的传递要求的说法中，正确的有（　　）。

A. 主要包括传递路线、传递时间和传递手续三个方面的内容

B. 会计凭证的传递和处理都应在报告期内完成

C. 会计凭证的传递路线不能根据实际情况的变化加以修改

D. 会计凭证的传递手续可以根据实际情况的变化及时加以修改

三、判断题

1. 在会计年度中间变更记账人员，可不办理有关手续。（ ）

2. 会计凭证的传递是指会计凭证从取得或填制时起至归档保管时止，在单位内部会计部门和人员之间的传递手续。（ ）

3. 在会计凭证传递期间，凡经办记账凭证的人员都有责任保管好凭证，严防在传递中散失。（ ）

4. 原始凭证原则上不得外借，其他单位如有特殊原因确实需要使用，经本单位会计机构负责人、会计主管人员批准，可以外借。（ ）

5. 各单位的会计档案不得借出或复制，但经批准后可以查阅或复制。（ ）

6. 对于数量过多的原始凭证，可以单独装订保管，但应在记账凭证上注明附件另订。（ ）

7. 某企业在2017年年底接受会计事务所的审计，该事务所要求对其12月的某几份记账凭证及其所附原始凭证进行复制，该要求正确。（ ）

项目六　登记账簿

任务一　认知会计账簿

一、单项选择题

1. 分类账簿提供的核算信息是编制（　　）的主要依据。

A. 会计报表　B. 原始凭证　C. 转账凭证　D. 记账凭证

2. 费用明细账比较适合使用的账簿格式是（　　）账簿。

A. 三栏式　B. 两栏式　C. 数量金额式　D. 多栏式

3.（　　）是会计核算方法体系中的中心环节。

A. 复式记账　B. 填制和审核会计凭证

C. 设置和登记账簿　D. 编制会计报表

4. 会计账簿是指由一定格式账页组成的，以经过审核的（　　）为依据，全面、系统、连续地记录各项经济业务的簿籍。

A. 原始凭证　B. 会计凭证　C. 账页　D. 记账凭证

5. 会计账簿的封面主要标明（　　）名称。

A. 凭证　B. 账簿　C. 科目　D. 账户

6. 下列不属于会计账簿基本内容的是（　　）。

A. 账页　B. 凭证　C. 封面　D. 扉页

7. 账户存在于（　　）之中。

A. 日记账　B. 明细账　C. 总账　D. 账簿

8.（　　）是在启用前就已编有顺序号的若干账页固定装订成册的账簿。

A. 明细账　B. 总账　C. 活页账　D. 订本账

9. 企业在记录管理费用时，通常所采用的明细账格式是（　　）。

A. 横线登记式明细账　　B. 卡片式明细账

C. 数量金额式明细账　　D. 多栏式明细账

10. 以下按用途分类的账簿是（　　）。

A. 活页账　　B. 订本账　　C. 卡片账　　D. 备查账

11. 库存商品明细账通常采用（　　）账簿。

A. 三栏式　　B. 数量金额式　　C. 多栏式　　D. 卡片式

12. 总账、现金日记账和银行存款日记账通常采用（　　）。

A. 订本账　　B. 卡片账　　C. 活页账　　D. 以上均可

13. 以下不是按用途分类的账簿是（　　）。

A. 备查账簿　　B. 分类账簿　　C. 序时账簿　　D. 订本式账簿

14. 一般情况下，不需根据记账凭证登记的账簿是（　　）。

A. 日记账　　B. 明细账　　C. 备查账簿　　D. 总账

15. 下列账簿中，一般采用活页账形式的是（　　）。

A. 备查账　　B. 明细账　　C. 总账　　D. 日记账

16. 按照（　　）可以把账簿分为序时账簿、分类账簿和备查账簿。

A. 外形特征　　B. 账页格式　　C. 账簿的性质　　D. 账户用途

17. 下列账簿中可以采用卡片账的是（　　）。

A. 固定资产明细账　　B. 原材料总账

C. 固定资产总账　　D. 现金日记账

18. 卡片账严格来说，属（　　）账簿。

A. 序时账　　B. 备查账　　C. 订本账　　D. 活页账

19. 下列各项中，最适合用于登记存货的账簿是（　　）账簿。

A. 多栏式　　B. 两栏式　　C. 数量金额式　　D. 三栏式

20. 在实际工作中，下列账簿采用订本式的是（　　）。

A. 库存现金与银行存款日记账　　B. 材料明细账

C. 费用明细账　　D. 固定资产明细账

21. 根据一级会计科目开设的，用于分类登记单位全部经济业务事项的账簿是（　　）。

A. 明细账　　B. 备查账　　C. 日记账　　D. 总账

22. 按照经济业务发生先后顺序，逐日逐笔登记经济业务的账簿是（　　）。

A. 明细账　　B. 序时账　　C. 备查账　　D. 分类账

二、多项选择题

1. 下列关于会计账簿的说法中，正确的有（　　）。

A. 会计账簿是由一定格式的账页组成的

B. 会计账簿是以经过审核的会计凭证为依据的

C. 设置和登记会计账簿是编制会计报表的基础

D. 通过账簿的设置和登记，还能够检查、校正会计信息

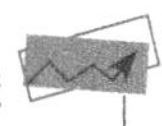

2. 企业应当依法设置的会计账簿有（　　）。

A. 库存现金日记账　　B. 明细账

C. 银行存款日记账　　D. 总账

3. 账页包括的内容是（　　）。

A. 总页次和分户页次　　B. 摘要栏

C. 账户名称　　D. 记账凭证的种类和编号栏

4. 订本式账簿的主要优点有（　　）。

A. 防止记账错误　　B. 防止任意抽换账页

C. 避免账页散失　　D. 灵活安排分工记账

5. 下列各种会计账簿中，应采用订本式账簿的有（　　）。

A. 库存现金日记账　　B. 总账

C. 原材料明细账　　D. 银行存款日记账

6. 账簿按其外形特征分类，可以分为（　　）。

A. 活页账　　B. 订本账　　C. 序时账　　D. 卡片账

7. 账簿按其经济用途分类，可以分为（　　）。

A. 总账账簿　　B. 备查账簿　　C. 分类账簿　　D. 序时账簿

8. 下列账簿中，通常采用三栏式账页格式的有（　　）。

A. 总账　　B. 甲材料

C. 银行存款日记账　　D. 应收账款

9. 按照账页格式的不同，会计账簿可以分为（　　）。

A. 三栏式账簿　　B. 两栏式账簿

C. 多栏式账簿　　D. 数量金额式账簿

10. 现金日记账属于（　　）。

A. 特种日记账　　B. 普通日记账

C. 订本账　　D. 活页账

11. 下列账簿中，通常采用三栏式账页格式的有（　　）。

A. 现金日记账　　B. 总账

C. 管理费用明细账　　D. 银行日记账

12. 下列选项中属于序时账的是（　　）。

A. 主营业务收入明细账　　B. 银行存款日记账

C. 现金日记账　　D. 应收账款明细账

13. 必须逐日结出余额的账簿是（　　）。

A. 银行存款日记账　　B. 银行存款总账

C. 现金总账　　D. 现金日记账

14. 下列各项经济业务中，（　　）应在备查账中登记。

A. 代销商品　　B. 租入固定资产

C. 应收票据贴现　　D. 购入固定资产

三、判断题

1. 所有会计凭证都要由会计部门审核无误后才能作为经济业务的证明和登记账簿的依据。（ ）

2. 各单位发生的各项经济业务事项可以在依法设置的会计账簿上统一登记、核算，也可以私设会计账簿登记、核算。（ ）

3. 采用订本式账簿在同一时间里可以由多人登账，便于会计人员分工协作开展记账。（ ）

4. 设置和登记账簿，是编制会计报表的基础，是连接会计凭证与会计报表的中间环节。（ ）

5. 会计账簿是由所有账户组成的。（ ）

6. 每个单位都应设置备查账簿。（ ）

7. 设置和登记账簿，是编制会计报表的基础，也是编制会计凭证的依据。（ ）

8. 会计账簿能够反映资产、负债和所有者权益的结余情况及费用、成本、利润的形成及利润的分配情况。（ ）

9. 会计账簿是指由一定格式账页组成的，以经过审核的会计凭证为依据，全面、系统、连续地记录各项经济业务的簿籍。（ ）

10. 登记账簿的唯一依据是审核无误的原始凭证。（ ）

11. 各单位可以根据工作需要分别设置用于向财政、税务等部门提供和供本单位管理需要的两套会计账簿。（ ）

12. 账页是账簿用来记录经济业务事项的载体。（ ）

13. 账簿中的每一账页就是账户的存在形式和载体，没有账簿，账户就无法保存。（ ）

14. 账簿中的每一账页是账户的存在形式和载体，而账户是账簿的具体内容，因此，账户与账簿的关系是形式与内容的关系。（ ）

15. 备查账簿不是正式账簿，应根据各单位的实际需要确定应设置哪些备查账簿及采取何种方式。（ ）

16. 三栏式账簿是指具有日期、摘要、金额三个栏目格式的账簿。（ ）

17. 各种明细账一般采用订本账形式。（ ）

18. 按账簿的用途分类，租入固定资产登记簿属于序时账簿。（ ）

19. 活页式账簿便于账页的重新排列和记账人员的分工，但账页容易散失和被随意抽换。（ ）

20. 各种日记账、总账以及资本、债权债务明细账都必须采用三栏式账簿。（ ）

21. 企业的序时账簿和分类账簿必须采用订本式账簿。（ ）

22. 收到被投资单位发放的股票股利，不必进行账务处理，也不必在备查账簿中登记。（ ）

23. 备查账簿不必每年更换新账，可以连续使用。（ ）

任务二　认知账务处理程序

一、单项选择题

1. 下列有关记账凭证账务处理程序、汇总记账凭证财务处理程序和科目汇总表财务处理程序的表述中，正确的是（　　）。

A. 三者完全相同　　B. 三者完全不同

C. 登记总账的方法不同　　D. 登记总账的依据相同

2. 各种账务处理程序的共同点是（　　）。

A. 编制会计报表的依据相同　　B. 登记总账的时间相同

C. 登记总账的依据相同　　D. 以上都不正确

3. 在各种账务处理程序中，不能作为登记总账依据的是（　　）。

A. 科目汇总表　　B. 记账凭证　　C. 汇总记账凭证　　D. 原始凭证

4. 各种账务处理程序之间的主要区别在于（　　）。

A. 编制会计报表的依据不同　　B. 登记总账的依据不同

C. 会计凭证的种类不同　　D. 总账的格式不同

5. 在记账凭证账务处理程序下，总账的记账依据是（　　）。

A. 原始凭证　　B. 汇总记账凭证　　C. 科目汇总表　　D. 记账凭证

6. 汇总记账凭证和科目汇总表核算组织程序的主要相同点是（　　）。

A. 汇总凭证的格式相同

B. 记账凭证都可以简化登记总账的工作量

C. 登记总账的依据相同

D. 记账凭证的汇总方法相同

7. 在常见的三种账务处理程序中，会计报表是根据（　　）资料编制的。

A. 日记账和明细账　　B. 日记账、总账和明细账

C. 日记账和总账　　D. 明细账和总账

8. （　　）账务处理程序的主要特点是直接根据记账凭证逐笔登记总账。

A. 记账凭证　　B. 多栏式日记账

C. 汇总记账凭证　　D. 科目汇总表

9. 甲公司是一家商贸公司，业务量不大，主要经销棉花。对其进行会计检查时，从库存商品总账上发现“现收5号凭证”有漏记销售收入的嫌疑。下列会计账务处理程序中，甲公司采用的是（　　）。

A. 记账凭证账务处理程序　　B. 多栏式日记账账务处理程序

C. 汇总记账凭证账务处理程序　　D. 科目汇总表账务处理程序

10. 下列关于设置的凭证与账簿的说法中，不属于记账凭证账务处理程序的是（　　）。

A. 现金和银行存款日记账

B. 收款、付款、转账凭证或通用记账凭证

C. 科目汇总表或汇总记账凭证

D. 总账和若干明细账

11. （　　）的缺点是登记总账的工作量较大。

A. 记账凭证账务处理程序　　B. 会计核算形式

C. 汇总记账凭证账务处理程序　　D. 科目汇总表账务处理程序

12. （　　）账务处理程序适用于生产经营规模较小、经济业务量较少的单位。

A. 多栏式日记账　　B. 汇总记账凭证

C. 记账凭证　　D. 科目汇总表

13. 甲公司是一家小规模企业，选用记账凭证账务处理程序记账，工作流程涉及如下环节：①根据原始凭证或原始凭证汇总表填制记账凭证；②根据原始凭证或原始凭证汇总表、记账凭证登记明细账；③根据明细账和总账编制会计报表；④根据收款凭证、付款凭证登记现金日记账和银行存款日记账；⑤根据记账凭证登记总账。下列流程中，正确的是（　　）。

A. ①—②—③—④—⑤　　B. ①—⑤—③—④—②

C. ⑤—③—④—①—②　　D. ①—④—②—⑤—③

14. 在汇总记账凭证账务处理程序下，记账凭证和账簿的设置与记账凭证账务处理程序基础相同，但要另外设置（　　）。

A. 记账凭证汇总表　　B. 汇总记账凭证

C. 日记总账　　D. 原始凭证汇总表

15. 在汇总记账凭证账务处理程序下，记账凭证宜采用（　　）。

A. 数量金额式

B. 横线登记式

C. 通用的统一格式的记账凭证

D. 收款、付款、转账三种专用格式的记账凭证

16. 汇总记账凭证账务处理程序适用于（　　）。

A. 业务量少的单位　　B. 所有的工业企业

C. 所有的行政、事业单位　　D. 业务量较多的单位

17. 汇总记账凭证账务处理程序的主要缺点是（　　）。

A. 不便于体现账户间的对应关系　　B. 不便于进行账目的核对

C. 编制汇总转账凭证的工作量较大　　D. 登记总账的工作量较大

18. 下列属于汇总记账凭证账务处理程序的优点的是（　　）。

A. 便于了解账户之间的对应关系　　B. 可以做到试算平衡

C. 详细反映经济业务的发生情况　　D. 处理程序简单

19. 科目汇总表账务处理程序又称为（　　）。

A. 记账凭证汇总表的账务处理程序　　B. 汇总记账凭证账务处理程序

C. 会计核算组织程序　　D. 记账凭证账务处理程序

20. 在科目汇总表账务处理程序下，登记总账的依据是（　　）。

A. 原始凭证　　B. 汇总记账凭证　　C. 记账凭证　　D. 科目汇总表

21. 编制科目汇总表的直接依据是（　　）。

A. 原始凭证汇总表　　B. 记账凭证汇总表

C. 记账凭证　　D. 原始凭证

22. （　　）不能反映各科目的对应关系，不便于分析和检查经济业务的来龙去脉，不便于查对账目。

A. 汇总记账凭证账务处理程序　　B. 日记总账账务处理程序

C. 科目汇总表账务处理程序　　D. 记账凭证账务处理程序

23. 以下项目中，属于科目汇总表账务处理程序缺点的是（　　）。

A. 增加了会计核算的账务处理程序　　B. 增加了登记总账的工作量

C. 不便于进行试算平衡　　D. 不便于检查核对账目

二、多项选择题

1. 各种账务处理程序的基本相同点有（　　）。

A. 编制会计报表的依据和方法相同　　B. 登记日记账的依据和方法相同

C. 填制明细账的依据和方法相同　　D. 登记总账的依据和方法相同

2. 账务处理程序是对（　　）按照一定的形式和方法相结合的方式。

A. 会计报表　　B. 会计凭证　　C. 会计账簿　　D. 会计科目

3. 下列关于账务处理程序中，说法正确的有（　　）。

A. 记账凭证账务处理程序可以简化总账的登记工作

B. 科目汇总表账务处理程序可以简化总账的登记工作

C. 记账凭证账务处理程序适用于规模较小、经济业务量较少的单位

D. 汇总记账凭证账务处理程序可以减轻登记总账的工作量

4. 常见的账务处理程序，共同之处有（　　）。

A. 均应设置和登记总账　　B. 均应填制和取得原始凭证

C. 均应编制记账凭证　　D. 均应填制汇总记账凭证

5. 选择恰当的账务处理程序，应考虑的因素有（　　）。

A. 与单位的经营特点和形式等情况相适应

B. 可以简化核算程序，提高工作效率，节约人力和物力

C. 能够及时、正确和完整地提供会计资料

D. 能够科学地组织会计核算工作

6. 某企业2013年8月共发生以下经济业务：3日，从银行提取现金5 000元；10日，报销办公费用600元，以现金支付；20日，为进行产品生产领用原材料3 000元；26日，将现金20 000元存入银行。如果该企业采用科目汇总表账务处理程序，科目汇总表采用全月一次

汇总法，则下列项目中，正确的有（　　）。

A. 本月科目汇总表借方发生额为28 600元，贷方发生额为20 000元

B. 本月现金账户借方发生额为20 600元，贷方发生额为20 600元

C. 本月科目汇总表借方发生额为28 600元，贷方发生额为28 600元

D. 本月现金账户借方发生额为5 000元，贷方发生额为20 600元

7. 目前常用的账务处理程序有（　　）。

A. 汇总记账凭证账务处理程序　　B. 科目汇总表账务处理程序

C. 记账凭证账务处理程序　　D. 明细账账务处理程序

8. 各种会计账务处理程序下，登记明细账的依据可能有（　　）。

A. 原始凭证　　B. 汇总原始凭证

C. 汇总记账凭证　　D. 记账凭证

9. 在记账凭证账务处理程序下，应设置（　　）。

A. 库存现金和银行存款日记账

B. 收款、付款、转账凭证或通用记账凭证

C. 科目汇总表或汇总记账凭证

D. 总账和若干明细账

10. 下列关于记账凭证账务处理程序的说法中，正确的是（　　）。

A. 优点是简单明了，易于理解

B. 能进行试算平衡

C. 登记总账的工作量大

D. 适用于规模较小、经济业务量较少的单位

11. 汇总记账凭证一般分为（　　）。

A. 汇总转账凭证　　B. 原始凭证汇总表

C. 汇总收款凭证　　D. 汇总付款凭证

12. 下列会计科目中，适用按会计科目贷方分别编制汇总付款凭证的有（　　）。

A. 其他应付款　　B. 应付账款　　C. 银行存款　　D. 库存现金

13. 汇总记账凭证账务处理程序下，要求平时编制的记账凭证一般属于（　　）分录。

A. 一借一贷　　B. 一借多贷　　C. 多借多贷　　D. 多借一贷

14. 可以简化登记总账工作的账务处理程序有（　　）。

A. 多栏式日记账　　B. 科目汇总表

C. 汇总记账凭证　　D. 记账凭证

15. 汇总记账凭证账务处理程序的优点有（　　）。

A. 便于会计核算的日常分工　　B. 编制汇总转账凭证的工作量较小

C. 便于了解账户之间的对应关系　　D. 总账的登记工作量相对较小

16. 在科目汇总表账务处理程序下，记账凭证是用来（　　）的依据。

A. 登记总账　　B. 登记明细账

C. 登记库存现金日记账　　D. 编制科目汇总表

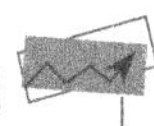

17. 下列各项中，属于生产规模大、业务多的企业采用的账务处理程序有（　　）。

A. 记账凭证账务处理程序　　　　B. 多栏式日记账账务处理程序

C. 科目汇总表账务处理程序　　　D. 汇总记账凭证账务处理程序

三、判断题

1. 账务处理程序也称会计核算形式，是指会计凭证、会计账簿、会计报表相结合的方式。（　　）

2. 在不同的账务处理程序中，登记总账的依据相同。（　　）

3. 科目汇总表账务处理程序是基本的账务处理程序。（　　）

4. 期末编制会计报表的依据是总账和明细账。（　　）

5. 记账凭证账务处理程序适用于规模较小、经济业务量较多的单位。（　　）

6. 记账凭证账务处理程序适用于各种类型的单位。（　　）

7. 汇总收款凭证和汇总转账凭证都是按借方汇总的。（　　）

8. 汇总凭证可以将不同内容的经济业务汇总填制在一张汇总凭证中。（　　）

9. 采用汇总记账凭证账务处理程序可以了解账户之间的对应关系。（　　）

10. 科目汇总表账务处理程序是以科目汇总表为依据直接登记明细账的。（　　）

11. 科目汇总表是依据原始凭证汇总表编制的。（　　）

12. 科目汇总表账务处理程序要根据科目汇总表来登记明细账。（　　）

13. 科目汇总表不仅能起到试算平衡的作用，而且可以反映账户之间的对应关系。（　　）

14. 科目汇总表账务处理程序能科学地反映账户之间的对应关系，且便于查对账目。（　　）

15. 科目汇总表账务处理程序能够反映账户之间的对应关系，但不便于查对账目。（　　）

16. 科目汇总表虽然不能反映账户之间的对应关系，但可以起到试算平衡的作用。（　　）

17. 科目汇总表只能作为登记总账的依据。（　　）

任务三　掌握建立和登记账簿的方法

一、单项选择题

1. 在登记账簿时，如果经济业务发生日期为12月12日，编制记账凭证日期为12月16日，登记账簿日期为12月17日，则账簿中“日期”栏登记的时间为（　　）。

A. 12月12日　　　　B. 12月16日

C. 12月17日　　D. 12月16日或12月17日均可

2.（　　）只能在记账、划账、改错和冲账时使用。

A. 圆珠笔　　B. 蓝黑墨水笔　　C. 红色墨水笔　　D. 铅笔

3. 根据会计账簿的记账规则，账簿中书写的文字和数字上面留有适当的空格，一般应占格距的（　　）。

A. 四分之三　　B. 三分之一　　C. 二分之一　　D. 五分之三

4. 现金日记账和银行存款日记账由（　　）登记。

A. 总账会计　　B. 出纳人员　　C. 财务负责人　　D. 经办人员

5. 现金日记账的登记方法是按（　　）进行登记。

A. 时间顺序逐日汇总　　B. 时间顺序逐日逐笔

C. 经济业务性质逐日逐笔　　D. 月逐笔

6. 明细账的登记依据是（　　）。

A. 原始凭证、原始凭证汇总表或记账凭证　　B. 只有记账凭证

C. 只有原始凭证　　D. 只有原始凭证汇总表

7. 下列账簿形式中，固定资产明细账宜采用的是（　　）。

A. 订本式　　B. 三栏式　　C. 活页式　　D. 卡片式

8. 某企业应收账款总账户期初余额为1 600元，明细账分别为：甲厂借方800元，乙厂借方500元，则丙厂为（　　）元。

A. 2 000　　B. 300　　C. 1 000　　D. 1 600

9. 总账账户与所属明细账账户的关系是（　　）。

A. 平等关系　　B. 没有关系

C. 统驭与被统驭关系　　D. 对应关系

10. 总账账户与明细账账户平行登记要求做到（　　）。

A. 借贷方向不同　　B. 借贷方向相同

C. 借贷方向可以不同　　D. 借贷方向可以不同

11. 总账与其所属明细账在总金额上（　　）。

A. 有时相等　　B. 相等

C. 可以相等，也可以不相等　　D. 不相等

12. 短期借款应按（　　）设置明细账。

A. 借款的性质　　B. 借款日期　　C. 借款的数额　　D. 债权人

二、多项选择题

1. 下列说法中，正确的有（　　）。

A. 凡需要结出余额的账户，结出余额后，应当在“借或贷”等栏内写明“借”或“贷”等字样

B. 库存现金日记账必须逐日结出余额

C. 没有余额的账户，应当在“借或贷”等栏内写“平”字，并在余额栏内用“0”表示

D. 银行存款日记账必须逐日结出余额

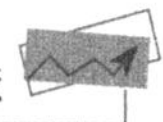

2. 账簿记录发生错误，不准（　　）。

A. 挖补　　B. 刮擦　　C. 更正　　D. 涂改

3. 每一账页登记完毕结转下页时，应结出本页合计数及余额，写在本页最后一行和下页第一行有关栏内，并在摘要栏内注明（　　）字样。

A. 承前页　　B. 此页结转下页　　C. 此页承转上页　　D. 过次页

4. 下列情况中可以用红色墨水记账的是（　　）。

A. 在不设借贷栏的多栏式账页中，登记减少数

B. 冲账的记账凭证，冲销错误记录

C. 在三栏式账户的余额栏前，未印明余额方向的，在余额栏内登记负数余额

D. 在三栏式账户的余额栏前，印明余额方向的，在余额栏内登记负数余额

5. 现金日记账的登记依据有（　　）。

A. 现金收支原始凭证　　B. 银行存款付款凭证

C. 现金收款凭证　　D. 现金付款凭证

6. 银行存款日记账登记的依据是（　　）。

A. 银行存款收款凭证　　B. 部分现金收款凭证

C. 银行存款付款凭证　　D. 部分现金付款凭证

7. 下列关于银行存款日记账的表述中，正确的有（　　）。

A. 收入栏可以依据银行存款收款凭证或库存现金付款凭证登记

B. 必须采用订本账

C. 收入栏只能依据银行收款凭证登记

D. 由出纳人员逐日逐笔登记

8. 下列做法中正确的是（　　）。

A. 生产成本明细账采用三栏式账簿　　B. 产成品明细账采用数量金额式账簿

C. 制造费用明细账采用多栏式账簿　　D. 现金日记账采用三栏式账簿

9. 下列各项中，属于登记库存现金日记账应注意的事项有（　　）。

A. 库存现金日记账由出纳人员根据库存现金收付有关的记账凭证，按时间顺序逐日逐笔进行登记

B. 库存现金日记账根据“上日余额＋本日收入－本日支出＝本日余额”的公式，逐日结出库存现金余额

C. 从银行提取现金的收入数，应根据银行存款付款凭证登记

D. 逐日结出的库存现金余额要与库存现金实存数核对，以检查每日库存现金收付是否有误

10. 下列表述中，属于总账特点的有（　　）。

A. 提供详细核算指标　　B. 只使用货币计量单位

C. 必要时还需要实物或时间计量单位　　D. 提供总括核算指标

11. 明细账的记账依据主要是（　　）。

A. 科目汇总表　　B. 记账凭证

C. 原始凭证汇总表 D. 原始凭证

12.（ ）明细账既可逐日逐笔登记，也可定期汇总登记。

A. 管理费用 B. 固定资产 C. 库存商品 D. 应收账款

13. 为减少栏次，（ ）科目的明细账也可以只按借方发生额设专栏。

A. 资产 B. 费用 C. 负债 D. 成本

14. 下列各项中，与原材料总账对应的明细账有（ ）。

A. 乙材料 B. 甲材料 C. 库存丙商品 D. 丁材料

15. 下列项目中可以采用数量金额式格式的有（ ）。

A. 材料明细账 B. 银行存款日记账

C. 应收账款明细账 D. 库存商品明细账

16. 总账账户和明细账账户平行登记的要点包括（ ）。

A. 借贷金额不相等 B. 所依据的原始凭证相同

C. 方向相同 D. 期间相同

17. 下列关于总账账户和明细账账户的说法中，正确的是（ ）。

A. 总账是根据总分类会计科目设置的

B. 设置明细账是为了更详细、更具体地核算

C. 总账统驭明细账

D. 对明细账核算时可以以实物或时间为计量单位

三、判断题

1. 年初建立新账时，应在新账簿中的第一行“余额”栏内填写上年结转的余额，并在“摘要”栏内注明“上年结转”字样。（ ）

2. 登记账簿必须用蓝、黑墨水笔书写，不得使用圆珠笔或铅笔书写。（ ）

3. 登记账簿时，发生的空行要用斜线注销，发生的空页则可以撕掉。（ ）

4. 红色墨水笔仅限于结账、划线更正时使用。（ ）

5. 登记账簿时一般用蓝黑或碳素墨水笔满格书写。（ ）

6. 现金日记账应做到日清月结，保证账实相符。（ ）

7. 目前企业的总账账户一般根据国家所制定的有关会计制度设置。（ ）

8. 在填制记账凭证时，对于总账科目，可只填科目编号，不填科目名称。（ ）

9. 原材料和制造费用明细账一般采用多栏式明细账格式。（ ）

10. 生产成本明细账一般用多栏式，制造费用明细账一般用三栏式。（ ）

11. 在明细账的核算中，只需要进行金额核算的，必须使用三栏式明细账。（ ）

12. 总账账户本期发生额与其所属明细账账户本期发生额合计相等。（ ）

13. 对每一项经济业务，计入总账账户和明细账账户的时期应该相同。（ ）

14. 总分类科目是对会计对象进行的总括分类、提供总括信息的会计科目。（ ）

15. 企业必须在登记完明细账后才能登记总账。（ ）

16. 总账账户与所属明细账账户的期末余额方向必定相同。（ ）

17. 所谓方向相同，即对于同一笔业务，如果在总账账户中记借方，那么在明细账账户

中也应记借方。（　　）

18. 总分类科目对明细分类科目起着补充说明和统驭控制的作用。（　　）

四、综合题

1. 某企业2017年1月1—9日，银行存款借方发生额共计为864 750元，贷方发生额共计为840 950元，10日有关银行存款收付的业务发生如下：

①向银行提取现金10 000元。

②收回甲公司前欠的销货款55 000元。

③以银行存款支付行政管理部门的电话费2 100元。

要求：（1）编制会计分录（代记账凭证，在登账时要写明凭证字号）；

①

②

③

（2）登记银行存款日记账（见表6-1和表6-2）。

表6-1　银行存款日记账（1）

银行存款日记账

单位：元　　　第1页

2017年		凭证		摘　要	收　入	付　出	余　额
月	日	字	号				
1	1			上年结转			289 200
	2	银付	1	支付购料款		80 000	209 200
		现付	1	现金送存银行	20 000		
				…………			
				…………			
	9	银收	3	销售产品收款	120 000		
	9	银付	15	支付水费		47 400	313 000

表6-2　银行存款日记账（2）

银行存款日记账

单位：元　　第2页

2017年		凭证		摘　要	收　入	付　出	余　额
月	日	字	号				

2. 某企业2017年10月发生的经济业务及登记的总账和明细账如下：

（1）4日，向A企业购入甲材料1 300千克，单价9元，价款11 700元；购入乙材料2 300千克，单价12元，价款27 600元。货物已验收入库，款项39 300元尚未支付。（不考虑增值税，下同）

（2）10日，向B企业购入甲材料2 000千克，单价9元，价款18 000元，货物已验收入库，款项尚未支付。

（3）17日，生产车间为生产产品领用材料，其中领用甲材料2 500千克，单价9元，价值22 500元；领用乙材料2 000千克，单价12元，价值24 000元。

（4）22日，向A企业偿还前欠货款25 000元，向B企业偿还前欠货款20 000元，用银行存款支付。

（5）26日，向A企业购入乙材料1 000千克，单价12元，价款12 000元，已用银行存款支付，货物同时验收入库。

要求：根据资料和总账与明细账的勾稽关系，将总账与明细账（见表6-3～表6-6）中空缺的数字填上。

表6-3　总账户

总账户

会计科目：应付账款　　单位：元

2017年		凭证编号	摘　要	借方	贷方	借或贷	余额
月	日						
10	1	（略）	月初余额			贷	（1）
	4		购入材料		39 300	贷	55 300
	10		购入材料		（2）	贷	73 300
	22		归还前欠货款	（3）		贷	28 300
	31		本月合计	45 000	57 300	贷	28 300

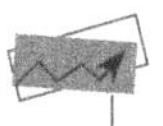

表6-4　应付账款明细账账户

应付账款明细账账户

会计科目：B企业　　　　　　　　　　　　　　　　　　　　　　单位：元

2017年		凭证编号	摘　要	借方	贷方	借或贷	余额
月	日						
10	1	(略)	月初余额			贷	6 000
	10		购入乙材料		(4)	贷	(5)
	22		归还前欠货款	20 000		贷	(6)
	31		本月合计	20 000	18 000	贷	4 000

表6-5　原材料明细账（1）

原材料明细账

明细科目：甲材料　　　　　　　　　　　　　　　　　　　　数量单位：千克

2017年		凭证编号	摘 要	收入			发出			结存		
月	日			数量	单价/元	金额/元	数量	单价/元	金额/元	数量	单价/元	金额/元
10	1		月初余额							800	9	7 200
	4	（略）	购入材料	（7）	9	（8）				2 100	9	18 900
	10		购入材料	2 000	9	18 000				4 100	9	36 900
	17		领用材料				2 500	9	22 500	（9）	9	（10）
	31		合计	3 300	9	29 700	2 500	9	22 500	1 600	9	14 400

表6-6　原材料明细账（2）

原材料明细账

明细科目：乙材料　　　　　　　　　　　　　　　　　　　　数量单位：千克

2017年		凭证编号	摘 要	收入			发出			结存		
月	日			数量	单价/元	金额/元	数量	单价/元	金额/元	数量	单价/元	金额/元
10	1		月初余额							（11）	12	（12）
	4	（略）	购入材料	2 300	12	27 600				3 000	12	36 000
	17		领用材料		12		2 000	12	（13）	1 000	12	12 000
	26		购入材料	1 000	12	12 000				2 000	12	（14）
	31		合计	3 300	12	39 600	2 000	12	24 000	2 000	12	24 000

请答题：（注：填写金额不要加单位，只允许输入阿拉伯数字。）

（1）________；（2）________；（3）________；（4）________

（5）________；（6）________；（7）________；（8）________

（9）________；（10）________；（11）________；（12）________

（13）________；（14）________。

任务四 掌握对账的方法

一、单项选择题

1.（ ）核对属于账证核对的内容。

A. 总账账簿与序时账簿

B. 明细账账簿之间

C. 银行存款日记账账面余额与银行对账单的余额

D. 会计账簿记录与会计凭证

2. 下列不属于账实核对内容的是（ ）。

A. 各项财产物资明细账账面余额与财产物资实有数额是否相符

B. 债权债务明细账账面余额与对方单位的账面余额记录是否相符

C. 现金日记账账面余额与现金总账账面余额是否相符

D. 银行存款日记账账面余额与银行对账单的余额是否相符

3. 在下列有关账项核对中，不属于账账核对内容的是（ ）。

A. 银行存款日记账余额与其总账余额的核对

B. 银行存款日记账余额与银行存款对账单余额的核对

C. 总账账户借方发生额与其所属明细借方发生额合计的核对

D. 总账账户余额与其所属明细账余额合计的核对

4. 下列不属于账账核对内容的是（ ）。

A. 总账账簿与所属明细账账簿的核对

B. 银行存款日记账与银行对账单之间的核对

C. 明细账账簿之间的核对

D. 总账账簿与序时账簿的核对

5. 下列对账工作中，属于账账核对的是（ ）。

A. 账簿记录与原始凭证的核对

B. 库存现金日记账余额与库存现金总账余额的核对

C. 银行存款日记账和银行对账单的核对

D. 应收、应付款明细账与债权债务单位款项的核对

6. 核对会计账簿记录与财产等实有数额是否相符，是对账内容中的（ ）。

A. 账账核对　　B. 账证核对　　C. 账表核对　　D. 账实核对

7. 甲企业与乙企业之间存在购销关系，甲企业定期将“应收账款——乙企业”明细账与乙企业的“应付账款——甲企业”明细账进行核对。下列各项中，准确描述这种对账性质的是（ ）。

A. 账证核对　　B. 账账核对　　C. 余额核对　　D. 账实核对

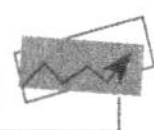

8. 银行存款日记账的期末余额和总账的银行存款期末余额之间的核对属于账账核对的（　　）。

A. 总账账簿与序时账簿的核对　　B. 总账账簿有关账户的余额核对

C. 总账账簿与所属明细账账簿的核对　　D. 明细账账簿之间的核对

二、多项选择题

1. 下列选项中，属于账账核对常见做法的有（　　）。

A. 核对银行存款日记账和银行对账单是否相符

B. 核对总账余额和所属明细账余额合计是否相符

C. 核对库存现金日记账和银行存款日记账余额与总账余额是否相符

D. 核对所有总账的借方发生额合计和贷方发生额合计是否相符

2. 造成账实不符的原因主要有（　　）。

A. 财产物资收发计量错误　　B. 财产物资发生意外灾害

C. 账簿的记录错误　　D. 财产物资毁损、被盗

3. 账账核对的内容包括（　　）。

A. 总账与明细账的核对

B. 银行存款日记账与银行对账单的核对

C. 现金、银行存款日记账与总账中的现金、银行存款账的核对

D. 总账账户借方发生额与贷方发生额的核对

4. 下列选项中属于对账内容的有（　　）。

A. 记账凭证与原始凭证的核对　　B. 明细账与总账的核对

C. 往来账与业务合同的核对　　D. 库存商品账与实物的核对

5. 账账核对的内容包括（　　）。

A. 总账账簿与所属明细账账簿的核对

B. 总账账簿与序时账簿的核对

C. 现金日记账账面余额与库存现金数额的核对

D. 总账账簿与有关账户余额的核对

6. 账实核对的内容包括（　　）。

A. 现金日记账账面余额与库存现金数额的核对

B. 总账账簿与序时账簿的核对

C. 银行存款日记账账面余额与银行对账单余额的核对

D. 有关债权债务明细账账面余额与对方单位账面记录的核对

7. 企业资产账实不符的主要原因是（　　）。

A. 收发财产物资时，由于计量和检验不够准确而发生的品种、数量、质量上的差错

B. 登记财产物资时，发生漏记、重记或计算错误等

C. 财产物资保管过程中的自然损耗或升溢

D. 因营私舞弊、贪污、盗窃而发生的短缺和损失

8. 月末应与总账进行核对的有（　　）。

A. 备查账　　B. 明细账

C. 银行存款日记账　　D. 会计报表

9. 对账的内容有（　　）。

A. 账证核对　　B. 账实核对　　C. 账账核对　　D. 账表核对

10. 不论哪种会计核算组织程序，在编制会计报表之前，都要进行的对账工作是（　　）。

A. 总账记录的核对　　B. 明细账与总账的核对

C. 银行存款日记账与总账的核对　　D. 现金日记账与总账的核对

11. 下列各项中，属于账实核对主要内容的有（　　）。

A. 银行存款日记账的账面余额与银行对账单的核对

B. 库存现金日记账的账面余额与现金实存数的核对

C. 各项应收应付款明细账的账面余额与有关单位和个人的核对

D. 各种财产物资明细账的账面余额与实存数的核对

12. 下列各项中，属于账账核对常见做法的有（　　）。

A. 核对所有总账的借方发生额合计和贷方发生额合计是否相符

B. 核对库存现金日记账和银行存款日记账余额与其总账余额是否相符

C. 核对银行存款日记账和银行对账单是否相符

D. 核对总账余额和所属明细账余额合计是否相符

三、判断题

1. 每日经济业务登记完毕，应结计现金日记账的当日余额，并以账面余额同库存现金的实存额进行核对，检查账实是否相符。（　　）

2. 对账，就是核对账目，即对各种会计账簿之间相对应的记录进行核对。（　　）

3. 任何单位，对账工作应该每年至少进行一次。（　　）

任务五　掌握错账更正方法

一、单项选择题

1. 发现记账凭证中的科目正确，但所记金额小于应记的金额，应采用（　　）进行更正。

A. 划线更正法　　B. 补充登记法　　C. 平行登记法　　D. 红字更正法

2. 在结账前发现账簿记录有文字或数字错误，而记账凭证没有错误，可以采用（　　）。

A. 褪色药水　　B. 补充登记法　　C. 划线更正法　　D. 红字更正法

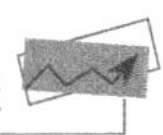

3. 记账后发现记账凭证填写的会计科目有误、所记金额无误，应采用（　　）。

A. 红字更正法　　B. 划线更正法

C. 补充登记法　　D. 以上三种方法均可

4. 结账前发现账簿的文字或数字发生错误时可以采用的错账更正方法是（　　）。

A. 红字更正法　　B. 划线更正法　　C. 补充登记法　　D. 更换凭证法

5. 购进材料一批，价款9 600元，款未付。在填制记账凭证时，误将金额填为8 300元，会计科目并无错误并已过账。更正错账时，应作会计分录为（　　）。

A. 借：应付账款　1 300
　　贷：原材料　1 300

B. 借：原材料　1 300
　　贷：应付账款　1 300

C. 借：原材料　8 300
　　贷：应付账款　8 300

D. 借：原材料　1 300
　　贷：应付账款　1 300

6. 如果企业的记账凭证正确，在记账时发生错误导致账簿记录错误，则应采用（　　）进行更正。

A. 划线更正法　　B. 红字更正法　　C. 平行登记法　　D. 补充登记法

7. 会计人员在编制记账凭证时，将领用的属于行政管理部门用材料误计入销售费用并已登记入账，应采用的错账更正方法是（　　）。

A. 补充登记法　　B. 替换更正法　　C. 红字更正法　　D. 划线更正法

8. 红字冲销法的适用范围为（　　）。

A. 记账凭证中会计科目或借贷方向正确，所记金额大于应记金额，尚未登记入账

B. 记账凭证正确，登记账簿时发生文字或数字错误

C. 记账凭证中会计科目或借贷方向错误，导致账簿记录错误

D. 记账凭证中会计科目或借贷方向正确，所记金额小于应记金额，导致账簿记录错误

9. 某会计人员根据记账凭证记账时把金额4 800元写为5 800元，更正时，应采用的正确方法是（　　）。

A. 划线更正法　　B. 补充登记法　　C. 消除字迹法　　D. 红字更正法

10. 采用划线更正法更正账簿中的错误数字时，应（　　）。

A. 用一条蓝线将整个数字全部划掉　　B. 用一条红线将整个数字全部划掉

C. 用一条红线将有错误的数字划掉　　D. 用多条红线将整个数字全部划掉

11. 记账后，发现记账凭证上应借、应贷的会计科目并无错误，但所填金额有错，致使账簿记录错误，正确的更正方法是（　　）。

A. 若所填金额小于应填金额，则应采用红字更正法

B. 若所填金额小于应填金额，则应采用划线更正法

C. 若所填金额大于应填金额，则应采用红字更正法

D. 若所填金额大于应填金额，则应采用补充登记法

12. 下列说法中正确的是（　　）。

A. 如果会计科目没有错误只是金额错误，则可以将正确数字与错误数字之间的差额另填制一张调整的记账凭证，调增金额用蓝字，调减金额用红字

B. 发现以前年度记账凭证有错误的，应当用红字填制一张正确的记账凭证

C. 发现以前年度记账凭证有错误的，可以用红字填写一张与原内容相同的记账凭证，再用蓝字重新填写一张正确的记账凭证

D. 已经登记入账的记账凭证，在当年内发现填写错误时，直接用蓝字重新填写一张正确的记账凭证即可

13. 月末结账前发现所填制的记账凭证无误，根据记账凭证登记账簿时，误将1 568元记为1 586元，按照有关规定，更正时应采用的错账更正方法最好是（　　）。

A. 红字更正法　　B. 平行登记法　　C. 划线更正法　　D. 补充登记法

14. 下列各项做法中，适用于记账凭证应记科目正确、但所记金额大于应记金额且已登记入账的情况的是（　　）。

A. 划线更正法　　B. 平行登记法　　C. 红字更正法　　D. 补充登记法

15. 某企业用转账支票归还欠乙公司的货款1 000 000元，会计人员编制的会计凭证为：借记应收账款，贷记银行存款，审核并已经登记入账，该记账凭证（　　）。

A. 有错误，使用划线更正法更正　　B. 有错误，使用补充登记法更正

C. 有错误，使用红字更正法更正　　D. 没有错误

二、多项选择题

1. 下列各项中，适用于由于记账凭证错误而导致账簿登记错误的错账更正方法有（　　）。

A. 划线更正法　　B. 红字更正法　　C. 补充登记法　　D. 尾数更正法

2. 生产车间生产产品领用原材料50 000元，填制记账凭证时，将金额误记为5 000元，科目没有错，并已登记入账。更正此种错误时（　　）。

A. 红字凭证的分录为：借：生产成本45 000；贷：原材料45 000

B. 应用补充登记法

C. 补充凭证的分录为：借：生产成本45 000；贷：原材料45 000

D. 应用红字更正法

3. 在下列各类错账中，应采用红字更正法进行更正的错账有（　　）。

A. 因记账凭证中的会计科目有错误而引起的账簿记录错误

B. 记账凭证没有错误，但账簿记录有数字错误

C. 记账凭证中的会计科目正确但所记金额大于应记金额所引起的账簿记录错误

D. 记账凭证中的会计科目正确但所记金额小于应记金额所引起的账簿记录错误

4. 用划线更正法更正错误时（　　）。

A. 用红笔在错误数字上方写上正确数字

B. 应用红字划线，并将错误数字全部划销

C. 用蓝字在错误数字上方写上正确数字

D. 由更正人员在更正处盖章以示负责

5. 错账的更正方法主要有（　　）。

A. 划线更正法　　B. 红字更正法　　C. 平行登记法　　D. 补充登记法

6. 下列情况中，可以使用红色墨水记账的有（　　）。

A. 进行年结、月结时划线

B. 在三栏式账户的余额前，如未印明余额方向，在余额栏内登记负数余额

C. 按照红字冲账的记账凭证冲销错误记录

D. 在不设借贷的多栏式账页中，登记减少数

7. 下列情况中，可以使用红字更正法的是（　　）。

A. 记账凭证正确，登账时发生数字错误

B. 会计科目正确，记账凭证中所记金额大于原始凭证中的应记金额，且已入账

C. 记账凭证中的应借、应贷科目错误，且已入账

D. 会计科目正确，记账凭证中所记金额小于原始凭证中的应记金额，且已入账

8. 记账后，发生（　　）记账差错时，可选择红字更正法。

A. 所记金额大于正确金额　　B. 所记金额小于正确金额

C. 会计科目使用错误　　D. 账簿摘要有文字错误

9. 错账的更正方法有（　　）。

A. 平行登记法　　B. 补充登记法　　C. 划线更正法　　D. 红字更正法

10. 收回货款1 500元存入银行，记账凭证中误将金额填为15 000元，并已登记入账，错账的更正方法有（　　）。

A. 用红字借记银行存款账户13 500元，贷记应收账款账户13 500元

B. 用蓝字借记银行存款账户1 500元，贷记应收账款账户1 500元

C. 用红字更正法更正

D. 用红字借记应收账款账户15 000元，贷记银行存款账户15 000元

11. 可以用红色墨水记录的业务或者事项有（　　）。

A. 在不设借贷等栏的多栏式账户中登记负数余额

B. 记账凭证上会计科目、记账方向均正确，但所记金额大于应记金额致使账簿记录发生多记错误时的更正

C. 记账凭证上会计科目、记账方向均正确，但所记金额小于应记金额致使账簿记录发生少记错误时的更正

D. 在未印明余额方向的三栏式账户中登记负数余额

12. 下列各类错账中，应采用红字更正法进行更正的错账有（　　）。

A. 因记账凭证中的会计科目有错误而引起的账簿记录错误

B. 记账凭证中的会计科目正确，但所记金额大于应记金额所引起的账簿记录错误

C. 记账凭证没有错误，但账簿记录有数字错误

D. 记账凭证中的会计科目正确，但所记金额小于应记金额所引起的账簿记录错误

三、判断题

1. 在填制记账凭证时，误将6 800元记为8 600元，并已登记入账，月终结账前发现错误，更正时应采用红字更正法。（　　）

2. 划线更正法是在错误的文字或数字上以红线注销，然后在其上端用红字填写正确的

文字，并由记账人员加盖图章，以明确责任。（　　）

3. 因会计科目无误、所记金额大于应记金额而引起的记账错误，可以采用补充登记法。（　　）

4. 记账后发现记账凭证填写的会计科目有误，而且所记金额小于应记金额，应采用补充登记法。（　　）

5. 发现以前年度记账凭证有错误，应先用红字冲销，然后用蓝字填制一张更正的记账凭证。（　　）

6. 在审查当年的记账凭证时，发现某记账凭证应借应贷的科目正确，但所记的金额大于实际金额，并已入账，可用红字更正法更正。（　　）

7. 记账后发现记账凭证填写的会计科目无误，只是所记金额小于应记金额，应采用补充登记法。（　　）

8. 结账之前，如果发现账簿中所记的文字或数字错误，而记账凭证并没有错，应采用划线更正法进行更正。（　　）

四、综合题

1. 某企业2017年11月30日在进行账证核对时，发现下列几笔业务的记录有错误。

要求：请首先指出每笔业务应采用的错账更正方法，然后说明如何更正（需要编制更正分录的请写出更正分录）。

（1）2日，开出现金支票300元支付对A单位的赔偿款。原编制的会计分录如下：

借：其他应收款　　300

　　贷：现金　　300

应采用的更正方法：

更正：

（2）9日，以银行存款12 000元购买一台机器设备。记账凭证正确，过账时误将资产金额登为21 000。

应采用的更正方法：

更正：

（3）12日，车间领用一般消耗材料290元。原编制的会计分录如下：

借：制造费用　　920

　　贷：原材料　　920

应采用的更正方法：

更正：

（4）20日，购进甲材料10吨①，单价5 600元，货款未付，不考虑增值税，材料已入库。原编制的会计分录如下：

借：原材料　　5 600

　　贷：应付账款　　5 600

应采用的更正方法：

更正：

（5）30日，生产车间生产产品领用材料一批，投入生产，共计25 000元，原编制的会计分录如下：

借：制造费用　　25 000

　　贷：原材料　　25 000

应采用的更正方法：

更正：

2. 某公司2017年8月末，在结账前发现以下错账业务。要求：

①指出应采用的更正方法；

②对错账进行更正。（说明：仅填制更正的记账凭证，记账略。每项业务要选择是否填制更正的记账凭证。若填制的是红字凭证，请在凭证的左上方明显列示“红字凭证”字样。）

（1）收到甲单位偿还前欠销货款100 000元，记账凭证填制如表6–7所示，在登记应收账款账户时，误登记金额为10 000元。

① 1吨＝1 000千克。

表6-7　收款凭证（1）

收款凭证

银收字第5号

借方科目：银行存款　　2017年8月10日　　附件2张

摘　要	贷方科目		金额	记账
	总账科目	明细科目		
收回销货款	应收账款	甲单位	10 000	
合　计			10 000	

会计主管：李川　　记账：王凌　　审核：于欢　　制单：高鸣

①应采用的更正方法：

②填制更正的记账凭证（见表6-8）：（凭证字号及经办人的签章略，下同。）

表6-8　收款凭证（2）

收款凭证

字第　号

借方科目：　　年　月　日　　附件　张

摘　要	贷方科目		金额	记账
	总账科目	明细科目		
合　计				

会计主管：　　记账：　　审核：　　制单：

（2）摊销无形资产，价值87 000元，记账凭证填制如表6-9所示，并已据其入账。

表6-9　转账凭证（1）

转账凭证

转字第133号

2017年8月20日　　附件1张

摘　要	会计科目		借方金额	贷方金额	记账
	总账科目	明细科目			
摊销无形资产	管理费用		78 000		
	无形资产	专利权		78 000	
合　计			78 000	78 000	

会计主管：李川　　记账：张珊　　审核：于欢　　制单：陆凡

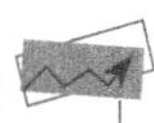

①应采用的更正方法：

②填制更正的记账凭证，如表6-10所示：

表6-10　转账凭证（2）

转 账 凭 证

转字第　号

年　月　日　　附件　张

摘　要	会计科目		借方金额	贷方金额	记账
	总账科目	明细科目			
合　　计					

会计主管：　　记账：　　审核：　　制单：

（3）生产产品领用原材料103 000元，记账凭证填制如表6-11所示，并已据其入账。

表6-11　转账凭证（3）

转 账 凭 证

转字第140号

2017年8月23日　　附件 1 张

摘　要	会计科目		借方金额	贷方金额	记账
	总账科目	明细科目			
生产领原材料	生产成本	甲产品	130 000		
	原材料	A材料		130 000	
合　　计			130 000	130 000	

会计主管：李川　　记账：张珊　　审核：于欢　　制单：陆凡

①应采用的更正方法：

②填制更正的记账凭证，如表6-12所示：

表6-12　转账凭证（4）

转 账 凭 证

转字第　号

年　月　日　　　　附件　张

摘　要	会计科目		借方金额	贷方金额	记账
	总账科目	明细科目			
合　计					

会计主管：　　记账：　　审核：　　制单：

任务六　掌握结账的方法

一、单项选择题

1.（　　）就是把一定时期内所发生的经济业务，在全部登记入账的基础上结算出本期发生额合计和余额，并将其余额结转下期或者转入新账。

A. 登账　　B. 转账　　C. 结账　　D. 对账

2. 对需要结计本月发生额的账户，结计“过次页”的合计数应当为（　　）。

A. 本页发生额合计数

B. 自年初起至本页末止的发生额合计数

C. 自本月初起至本页末止的发生额合计数

D. 自本月初起至本月末止的发生额合计数

3. 年度终了结账时，有余额的账户，要将其余额结转下年，并在摘要栏注明（　　）字样。

A. 上年结转　　B. 本年累计

C. 结转下年　　D. 本年合计

4. 需要结计本年累计发生额的某些明细账账户，12月末结账时应在12月合计行下结出自年初起至本年末止的累计发生额，登记在12月发生额下面，在摘要栏内注明“本年累计”字样，并在（　　）。

A. 累计发生额下面划通栏双红线　　B. 累计发生额下面划通栏单红线

C. 累计发生额下面划单红线　　D. 累计发生额下面划双红线

二、多项选择题

1. 下列关于结账的说法中正确的是（　　）。

A. 损益类科目转入本年利润科目　　B. 本期的应计收益应确认为本期收入

C. 本期发生的经济业务事项都要登记入账　　D. 为了赶编财务报表，可以提前结账

2. 下列选项中，关于结账的方法说法正确的是（　　）。

A. 库存现金、银行存款日记账需要按月结计

B. 总账账户平时只需结出月末余额

C. 每月最后一笔余额即为月末余额

D. 年度终了，有余额的账户，要将其余额结转下年

3. 下列内容中，不属于结账工作的有（　　）。

A. 清点库存现金

B. 编制试算平衡表

C. 结算有关账户的本期发生额及期末余额

D. 按照权责发生制对有关账项进行调整

4. 结账的内容通常包括（　　）。

A. 在会计期末将本期所有发生的经济业务事项全部登记入账

B. 结清各种损益类账户，并据以计算、确定本期利润

C. 期末有余额的账户，要将其余额结转下一期间

D. 结清各资产、负债和所有者权益账户，分别结出本期发生额合计和余额

5. 会计期末结账的对账工作的主要内容包括（　　）。

A. 账账核对　　B. 账实核对　　C. 账表核对　　D. 账证核对

三、判断题

1. 结账包括日结、旬结、月结、年结。（　　）

2. 年结时，应在“总计”行下划单红线，表示本年度记账结束，即封账。（　　）

3. 年末结账，应在全年累计发生额下划通栏单红线。（　　）

4. 原材料、管理费用账户期末一般应该结平。（　　）

5. 各企业可以根据本企业的自身情况自行设置每月的结账日期，但日期确定后不能随意更改。（　　）

6. 企业于每个月25日结账，并不违背可比性、一致性和及时性原则。（　　）

7. 对需按月结计本期发生额，但不需结计本年累计发生额的账户，月末结账时，只需在最后一笔经济业务事项记录之下划通栏单红线，不需要再结计一次余额。（　　）

8. 在结账前发现账簿记录有文字或数字错误，而记账凭证没有错误，采用红字更正法。（　　）

9. 总账账户只需要结出月末余额，年终结账时，总账账户结出全年发生额和余额，并在合计数下划通栏双红线。（　　）

10. 结账是指年度终了时，为了编制会计报表而进行的一项将账簿记录结算清楚的账务工作。（　　）

11. 需要结计本月发生额的账户，结计“过次页”的本页合计数应当为自月初起至本页末止的发生额合计数。（　　）

12. 在每个会计期间可多次登记账簿，但结账只能进行一次。（　　）

四、综合题

1. 华天公司2017年12月末结账前的余额试算表如表6-13所示。

表6-13　余额试算表（1）

华天公司结账前的余额试算表

2011年12月　　　　单位：元

账户名称	借方余额	贷方余额
库存现金	1 000	
银行存款	85 600	
应收账款	54 000	
库存商品	406 200	
固定资产	265 000	
累计折旧		6 500
短期借款		50 000
应付账款		59 200
实收资本		300 000
盈余公积		8 200
利润分配		4 300
本年利润		30 000
主营业务收入		381 600
销售费用	8 000	
管理费用	20 000	
合　　计	839 800	839 800

月末，华天公司的会计人员对以下经济事项进行了结账处理：

（1）计提本月办公用固定资产折旧1 600元。

（2）结转本月已售商品成本，共计290 000元。

（3）结转本月的损益类账户至本年利润账户。

（4）按25%的所得税税率计算本月应交所得税。

（5）将本月所得税结转至本年利润账户。

（6）结转本年利润账户。

要求：根据上述资料，完成下列华天公司12月的结账后的试算平衡表（见表6-14）的编制。

表6-14 余额试算表（2）

华天公司结账后的余额试算表

2017年12月　　　　单位：元

账户名称	借方余额	贷方余额
库存现金	1 000	
银行存款	(1)	
应收账款	(2)	
库存商品	(3)	
固定资产	(4)	
累计折旧		(5)
短期借款		(6)
应付账款		(7)
应交税费		(8)
实收资本		300 000
盈余公积		(9)
利润分配		(10)
合　计	(11)	(12)

请答题：（注：填写金额不要加单位，只允许输入阿拉伯数字。）

（1）________；（2）________；（3）________；（4）________；

（5）________；（6）________；（7）________；（8）________；

（9）________；（10）________；（11）________；（12）________。

任务七　熟悉会计账簿的更换与保管

一、单项选择题

1. 会计账簿的更换通常在（　　）进行。

A. 新会计年度建账时　　B. 年终结账时

C. 会计主体变更时　　D. 更换会计人员时

2. 下列选项中，不符合账簿管理具体要求的是（　　）。

A. 会计账簿不能随意交由其他人员管理

B. 会计账簿除需要与外单位核对外，一般不能携带外出

C. 年度终了，一般要把旧账交给总账会计集中统一管理

D. 各种账簿应指定专人管理

3. 新的会计年度开始，一般总账、日记账和多数明细账应每年更换一次，（　　）可以继续使用，不必更换新账。

A. 总账　　B. 银行存款日记账

C. 产成品明细账　　D. 固定资产明细账

4. 会计账簿暂由本单位财务会计部门保管（　　），期满之后，由财务会计部门编制清册移交本单位的档案部门保管。

A. 1年　　B. 3年　　C. 5年　　D. 10年

5. （　　），可以跨年度使用，不必每年更换一次。

A. 总账　　B. 银行汇票备查簿

C. 银行存款日记账　　D. 现金日记账

6. 会计账簿的更换通常在新会计年度建账时进行。一般来说，下列账簿中（　　）应每年更换一次。

A. 库存商品明细账　　B. 应收账款明细账

C. 现金日记账　　D. 应付账款明细账

二、多项选择题

1. 可以跨年度继续使用的账簿有（　　）。

A. 总账账簿　　B. 财产物资明细账

C. 银行存款日记账　　D. 应收账款明细账

2. 下列关于会计账簿的更换和保管的做法中，正确的有（　　）。

A. 总账、日记账和多数明细账每年更换一次

B. 变动较小的明细账可以连续使用，不必每年更换

C. 备查账簿可以连续使用

D. 会计账簿由本单位财务会计部门保管半年后，交由本单位档案管理部门保管

3. 必须每年更换的账簿有（　　）。

A. 现金日记账　　B. 总账账簿

C. 备查账簿　　D. 固定资产卡片

4. 年度结束后，对于账簿的保管应做到（　　）。

A. 装订成册　　B. 加上封面

C. 统一编号　　D. 归档保管

三、判断题

1. 各单位在更换旧账簿、启用新账簿时，应当填制账簿启用表。（　　）

2. 新的会计年度开始时，必须更换全部账簿，不能只更换总账、现金日记账和银行存

款日记账。（　　）

3. 年终更换新账时，新旧账簿有关账户之间的转记金额，应该编制记账凭证。（　　）

4. 会计账簿的更换通常在新会计年度建账时进行。（　　）

5. 对于会计账簿的更换，一些更换新账、重抄一遍的工作量较大的明细账，可以连续使用，不必每年更换。（　　）

6. 年度结账后，对于发生额很少的总账，不必更换新账。（　　）

项目七　成本计算

任务一　认知成本计算

一、单项选择题

1. 下列选项中，表述错误的是（　　）。

　A. 成本与费用是一组既有紧密联系又有一定区别的概念

　B. 没有发生费用就不会形成成本

　C. 成本的发生期与补偿期并非完全一致

　D. 成本在损益表上被列为当期收益的减项

2. 划分产品成本计算的基本方法的主要标志是（　　）。

　A. 产品成本计算对象　B. 成本计算日期　C. 生产组织特点　D. 成本管理要求

3. 下列应计入产品成本的费用是（　　）。

　A. 废品损失　B. 管理费用　C. 营业费用　D. 折旧费用

4. 下列选项中，属于产品成本项目的是（　　）。

　A. 外购动力　B. 外购材料　C. 利息费用　D. 废品损失

5. 产品成本是指为制造一定数量、一定种类的产品而发生的以货币表现的（　　）。

　A. 物化劳动耗费　B. 各种耗费　C. 原材料耗费　D. 活劳动耗费

6. 成本这种资金耗费，是相对于（　　）而言的。

　A. 一定对象　B. 一定时期　C. 一个单位　D. 一个企业

7. 费用要素是指按其（　　）进行分类。

　A. 经济用途　B. 计入产品成本的方式

　C. 经济内容　D. 与生产工艺的关系

二、多项选择题

1. 成本计算方法应根据（　　）来确定。

A. 产品产量　　B. 生产组织的特点

C. 生产工艺的特点　　D. 成本管理要求

E. 生产规模大小

2. 下列选项中，应计入当期生产成本的有（　　）。

A. 行政管理部门发生的固定资产修理费　　B. 生产产品耗用的材料成本

C. 行政管理部门计提的固定资产折旧　　D. 生产人员的薪酬

3. 下列各项费用中，不应计入产品生产成本的有（　　）。

A. 营业费用　　B. 管理费用　　C. 财务费用　　D. 制造费用

三、判断题

1. 成本是以产品为对象进行归集的资金耗费。（　　）

2. 凡是本月支付或耗费的成本，都应计入本月产品成本。（　　）

3. 产品成本应当包括生产和销售过程中发生的各种费用，产品成本也称为产品制造成本。（　　）

4. 一般情况下，本期发生的生产费用与本期产品成本在量上基本相等。（　　）

任务二　掌握材料采购成本的计算方法

一、单项选择题

1. 某企业某日向甲公司同时购入A、B两种材料，A材料2 000千克，单价100元，买价200 000元，增值税额34 000元；B材料1 000千克，单价50元，买价50 000元，增值税额8 500元。用银行存款支付了A、B两种材料的共同运费及保险费等运杂费1 500元，其余款项暂欠。运杂费按材料质量比例分配。则其中A材料的成本为（　　）元。该企业和甲公司均为一般纳税人。

A. 201 200　　B. 235 200　　C. 235 000　　D. 201 000

2. 企业可采用直接计入方式计入相应材料的采购成本的内容是（　　）。

A. 材料的买价和运杂费

B. 材料的买价和能够直接分清受益对象的采购费用

C. 材料的买价和不能够直接分清受益对象的采购费用

D. 材料的买价和材料采购人员的差旅费

3. 某企业为增值税一般纳税人，购入材料一批，增值税专用发票上标明的价款为

1 000 000元，增值税170 000元，另支付材料的保险费20 000元、包装物押金50 000元。该批材料的采购成本为（　　）元。

A. 1 000 000　　B. 1 020 000　　C. 1 070 000　　D. 1 240 000

4. 某企业为增值税一般纳税人，购入丙材料，增值税专用发票上注明货款20 000元，增值税3 400元，发生包装费、运杂费共计300元，丙材料的采购成本为（　　）。

A. 20 000元　　B. 23 400元　　C. 20 300元　　D. 23 700元

5. 某工业企业为增值税小规模纳税人，2010年10月9日购入材料一批，取得的增值税专用发票上注明的价款21 200元，增值税3 604元。材料入库前的挑选整理费200元，材料已验收入库。该企业取得的该材料的入账价值应为（　　）元。

A. 20 200　　B. 21 400　　C. 23 804　　D. 25 004

6. 某企业为增值税小规模纳税企业。该企业购入甲材料600千克，每千克含税单价为50元，发生运杂费2 000元，运输途中发生合理损耗10千克，入库前发生挑选整理费用200元。该批甲材料的入账价值为（　　）元。

A. 30 000　　B. 32 000　　C. 32 200　　D. 32 700

二、多项选择题

1. 下列选项中，应计入材料采购成本的有（　　）。

A. 买价　　B. 采购费用

C. 运输途中被责任人丢失　　D. 厂部供销科采购人员工资

2. 材料采购成本项目中应包括（　　）两项。

A. 整理挑选费用　　B. 材料买价

C. 采购人员工资　　D. 运输途中合理损耗

E. 采购费用

3. 材料采购成本包括（　　）。

A. 买价　　B. 运输费

C. 包装费　　D. 入库前的挑选整理费

4. 下列选项中不能计入存货采购成本的有（　　）。

A. 装卸费　　B. 仓储费

C. 运输费　　D. 非正常消耗的直接材料费

5. 在采购材料过程中发生的采购费用一般包括（　　）。

A. 运输费　　B. 包装费　　C. 装卸费　　D. 保险费

6. 下列选项中，应计入一般纳税企业材料采购成本的有（　　）。

A. 购买材料支付的买价　　B. 支付的材料运费

C. 购买材料发生的增值税　　D. 采购过程中的保险费

三、判断题

1. 在供应过程中支付的各项采购费用，不构成材料采购成本，故将其计入期间费用。（　　）

2. 材料采购成本包括增值税进项税额。（　　）

3. 企业购进材料时需要支付一定的增值税额，称为进项税额，应计入采购成本。 （　　）

4. 材料采购的期末余额表示企业已经购入尚未验收入库材料的实际成本。 （　　）

四、综合题

1. 连发公司2017年10月发生下列材料采购业务：

（1）5日，从A公司购入甲材料6 000千克，单价15元，价款90 000元，增值税15 300元，供方垫付运杂费1 300元，当即以银行存款支付60 000元，其余款项尚未支付。

（2）7日，从A公司购入的甲材料运抵企业，验收入库，按实际采购成本入账。

（3）15日，以银行存款清偿前欠A公司款项46 600元。

（4）18日，从B公司购入甲材料8 000千克，单价15元，乙材料4 000千克，单价10元，价款160 000元，增值税27 200元，供方垫付运杂费1 800元，开出一张为期3个月的不带息商业承兑汇票交给B公司（假设运杂费按材料质量分配）。

（5）23日，从B公司购入的甲、乙两种材料运抵企业，经验收无误入库，按实际采购成本入账。

要求：

（1）根据业务（4），按材料质量分配甲、乙材料共同的运杂费。

（2）根据上述采购业务编制会计分录。

（1）	（2）
（3）	（4）
（5）	

（3）按材料的品名，设在途物资明细账，并根据有关会计分录，按采购业务发生的顺序，登记在途物资明细账，如表7-1和表7-2所示。

表7-1 在途物资 明细账（1）

在途物资 明细账

材料名称或类别：甲材料　　　　单位：元

年		凭证号码	摘要	借方			贷方	余额
月	日			买价	运杂费	合计		

表7-2　在途物资　明细账（2）

在途物资　明细账

材料名称或类别：乙材料　　　　　　　　　　　　单位：元

年		凭证号码	摘要	借方			贷方	余额
月	日			买价	运杂费	合计		

（4）根据上述资料编制甲、乙材料采购成本计算表，如表7-3所示。

表7-3　材料采购成本计算表

材料采购成本计算表

编制单位：　　　　　　　　年　月　　　　　　　　单位：元

成本项目	甲材料（　　千克）		乙材料（　　千克）	
	总成本	单位成本	总成本	单位成本
买　价				
运杂费				
合　计				

任务三　掌握产品制造成本的计算方法

一、单项选择题

1. 下列费用不应计入产品成本，而应计入期间费用的是（　　）。

A. 直接材料费用　　B. 直接人工费用

C. 车间间接费用　　D. 厂部管理部门费用

2. 假设某企业只生产一种产品，本期为生产该产品发生直接材料费用1 600 000元，直接人工费用300 000元，制造费用400 000元，企业行政管理费用200 000元，则该企业生产成本科目的合计数为（　　）元。

A. 1 900 000　　B. 2 000 000　　C. 2 300 000　　D. 2 500 000

3. 下列各项中，（　　）属于企业在一定时期内为生产一定种类、一定数量的产品所支出的各种费用的总和。

A. 直接成本　　B. 间接成本　　C. 制造成本　　D. 制造费用

4. 制造成本的确认标准是（　　）。

A. 按职能部门确认　B. 按费用性质确认　C. 按管理目的确认　D. 按配比关系确认

5. 基本生产车间照明用电费应借记（　　）。

A. 管理费用科目　　B. 基本生产成本科目

C. 制造费用科目　　D. 车间经费科目

6. 某企业的制造费用采用生产工人工时比例法进行分配。该企业当月生产甲、乙两种产品，共发生制造费用37 500元。当月生产甲、乙两种产品共耗用15 000工时，其中，甲产品耗用12 000工时，乙产品耗用3 000工时。则甲产品应分配的制造费用为（　　）元。

A. 12 000　B. 15 000　C. 22 500　D. 30 000

7. 季节性生产企业特别适合的分配制造费用的方法是（　　）。

A. 生产产量比例分配法　　B. 生产工人工资比例分配法

C. 机器工时比例分配法　　D. 按年度计划分配率法

二、多项选择题

1. 工业企业制造费用的分配方法有（　　）。

A. 生产工人工时比例分配法　　B. 生产工人工资比例分配法

C. 机器工时比例分配法　　D. 直接分配法

E. 按年度计划分配率分配法

2. 下列各项中，应该计入制造费用科目的有（　　）。

A. 生产车间管理人员的工资　　B. 厂部管理人员的工资

C. 生产用建筑物折旧　　D. 厂部的办公费

3. 制造费用归集和分配的程序包括（　　）。

A. 按生产车间分别归集制造费用

B. 将辅助生产车间的制造费用分配计入辅助生产成本

C. 分配辅助生产车间的制造费用，将其中应由基本车间制造费用开支的费用，计入基本生产车间的制造费用

D. 将基本生产车间的制造费用分配计入产品成本

4. 下列各项中，应计入制造费用的有（　　）。

A. 生产车间机器的折旧费　　B. 生产车间机器的日常修理费

C. 机物料消耗　　D. 季节性停工损失

三、判断题

1. 所有生产车间发生的各种制造费用，一律通过制造费用科目核算。（　　）

2. 制造费用采用的所有分配方法，分配结果是制造费用科目期末没有余额。（　　）

四、综合题

1. 京连公司生产甲、乙两种产品，甲产品期初在产品成本为72 550元，本月发生材料费146 000元，生产工人工资67 500元，月末在产品成本25 000元，完工产品数量200件；乙产品没有期初在产品，本月发生的材料费84 528元，生产工人工资44 800元，月末没有在产品，完工产品数量500件，本月共发生制造费用336 900元（制造费用按生产工人工资比例

分配）。要求：计算甲、乙完工产品总成本和单位成本，并编制结转完工产品生产成本的会计分录。

制造费用分配率＝

甲产品应分配的制造费用＝

乙产品应分配的制造费用＝

甲产品完工产品总成本＝

甲产品完工产品单位成本＝

乙产品完工产品总成本＝

乙产品完工产品单位成本＝

会计分录：

2. 南洋公司某月发生下列交易、事项：

（1）本月生产产品领用甲材料80 000元、乙材料23 200元，其中：生产A产品领用甲材料60 000元，生产B产品领用甲材料20 000元、乙材料20 000元，基本生产车间耗用乙材料3 200元。

（2）本月发生水电费9 800元，其中：生产A产品耗用5 000元，生产B产品耗用4 000元，基本生产车间照明耗用800元，款项已用银行存款支付。

（3）结转本月职工薪酬32 000元，其中：制造A、B产品的生产工人薪酬分别为16 000元和12 000元，基本生产车间管理人员薪酬4 000元。

（4）计提本月基本生产车间用固定资产折旧10 000元。

（5）以银行存款支付基本生产车间的财产保险费2 200元。

（6）以银行存款支付基本生产车间固定资产的修理费5 000元。

（7）以银行存款支付基本生产车间办公用品费800元。

（8）根据A、B产品的生产工时分配制造费用，A产品本月生产工时为7 500工时，B产品本月生产工时为5 500工时。

（9）本月A产品已全部完工，验收入库，产量为1 000件，计算其总成本和单位成本。B产品尚未完工。

要求：

（1）根据上述交易、事项编制有关会计分录。

(1)	(2)
(3)	(4)
(5)	(6)
(7)	(8)
(9)	

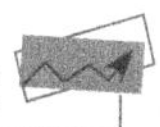

（2）设置登记A、B产品生产成本明细账（A产品期初余额为45 000元，其中：直接材料34 000元，直接人工6 000元，制造费用5 000元，B产品无期初余额），如表7–4和表7–5所示。

表7–4　生产成本明细账（1）

生产成本明细账

产品品种或类别：A产品　　　　单位：元

年		凭证号数	摘　要	直接材料	直接人工	制造费用	合计
月	日						
注：　表示红字。							

表7–5　生产成本明细账（2）

生产成本明细账

产品品种或类别：B产品　　　　单位：元

年		凭证号数	摘　要	直接材料	直接人工	制造费用	合计
月	日						

（3）根据有关生产成本明细账，计算本期完工产品的总成本和单位成本，如表7–6所示。

表7–6　产品生产成本计算表

产品生产成本计算表

年　月　　　　单位：元

成本项目	A品（1 000件）	
	总成本	单位成本
合计		

任务四　掌握产品销售成本的计算方法

一、单项选择题

1. 结转本月销售产品的实际生产成本360 000元，应编制的会计分录为（　　）。

A. 借：生产成本　360 000
　贷：制造费用　360 000

B. 借：库存商品　360 000
　贷：制造费用　360 000

C. 借：主营业务成本　360 000
　贷：库存商品　360 000

D. 借：主营业务成本　360 000
　贷：生产成本　360 000

2. 常与主营业务成本的借方账户相对应的账户是（　　）。

A. 材料采购　　B. 库存商品

C. 原材料　　D. 应交税费——应交增值税

二、多项选择题

1. 在产品销售业务的核算中，期末结转后，下列账户应无余额的有（　　）。

A. 主营业务收入　　B. 主营业务成本　　C. 销售费用　　D. 应交税费

2. 工业企业的供、产、销三个阶段，应计算的成本有（　　）。

A. 工资费用成本　　B. 材料采购成本　　C. 采购费用成本　　D. 产品生产成本

E. 产品销售成本

三、综合题

1. 某企业月末结转产品销售成本，其中，甲产品销售160件，单位成本469元；乙产品销售110件，单位成本204元。要求：计算出本月销售产品的成本。

2. 某工厂生产销售A、B、C三种产品，2017年1月1日，A产品库存260件，单位成本425元；B产品库存240件，单位成本315元。本月生产完工入库A产品160件，成本68 580.65元；B产品255件，成本81 021.78元；C产品2 000件，成本222 322.57元。本月销售A产品380件，B产品300件。要求：

（1）计算A、B产品月初结存金额；

（2）计算A、B、C产品月末结存数量；

（3）采用倒挤法计算已销商品成本，填制产品销售成本计算表，如表7–7所示。

表7–7　产品销售成本计算表

产品销售成本计算表

年　月　日　　　　单位：元

产品名称	计量单位	月初结存		本月入库		加权平均成本	月末结存数量	月末结存成本	本月销售成本
		数量	金额	数量	金额				
		①	②	③	④	⑤=（②+④）÷（①+③）	⑥	⑦=⑤×⑥	⑧=②+④−⑦
合计									
备注	1. 加权平均成本和销售成本均保留到分位。 2. 由于加权平均成本除不尽，因此为了保持账面数字之间的平衡关系，销售成本采用倒挤法计算。								

会计主管：　　　　复核：　　　　制单：

项目八 财产清查

任务一 认知财产清查

一、单项选择题

1. 对财产清查结果进行正确账务处理的主要目的是保证（　　）。
   A. 账账相符　　B. 账实相符　　C. 账证相符　　D. 账表相符
2. 财产清查按照（　　），可以分为定期清查和不定期清查。
   A. 清查的方法　　B. 清查的对象和范围
   C. 清查的地点　　D. 清查的时间
3. （　　）是根据有关现金和银行存款收入业务的原始凭证填制的。
   A. 转账凭证　　B. 付款凭证　　C. 收款凭证　　D. 原始凭证
4. 财产清查按照（　　）可以分为全面清查和局部清查。
   A. 清查的范围　　B. 清查的方法　　C. 清查的时间　　D. 清查的地点
5. 由于企业改变隶属关系，对财产物资进行清查，属于（　　）。
   A. 局部清查和不定期清查　　B. 局部清查和定期清查
   C. 全面清查和不定期清查　　D. 全面清查和定期清查
6. 单位主要领导调离工作前，需对财产进行（　　）。
   A. 技术推算　　B. 全面清查　　C. 局部清查　　D. 定期清查
7. 某企业在遭受洪灾后，对其受损的财产物资进行的清查，属于（　　）。
   A. 局部清查和不定期清查　　B. 局部清查和定期清查
   C. 全面清查和定期清查　　D. 全面清查和不定期清查

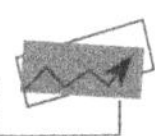

8. 一般说来，单位撤销、合并或者改变隶属关系时，要进行（　　）。

A. 局部清查　　B. 技术推算　　C. 全面清查　　D. 实地盘点

9. 现金清查方法应采用（　　）。

A. 账面价值法　　B. 发函询证法　　C. 实地盘点法　　D. 技术推算法

10. 在企业年终决算前，一般应对财产进行清查，下列关于该清查范围的表述中，正确的是（　　）。

A. 定期清查　　B. 全面清查　　C. 实地盘点　　D. 局部清查

11. 在某些情况下，企业应当进行全面清查，下列选项中正确的是（　　）。

A. 库房管理员更换前　　B. 企业总经理调离工作前

C. 库房失火后　　D. 出纳人员调离工作前

二、多项选择题

1. 财产清查的意义在于（　　）。

A. 加强企业管理　　B. 提高企业利润

C. 发挥会计监督的作用　　D. 以上三项的说法均是错误的

2. 财产清查的对象包括（　　）。

A. 实物资产　　B. 应收应付款　　C. 购销合同　　D. 货币资金

3. 财产清查是对（　　）的盘点或核对，确定其实存数，查明账存数与实存数是否相符的专门方法。

A. 往来款项　　B. 货币资金　　C. 实收资本　　D. 实物资产

4. 下列关于局部清查的说法中正确的有（　　）。

A. 局部清查范围小，涉及人员少，但专业性较强

B. 局部清查的对象主要是流动性较强的财产

C. 是根据需要对一部分财产进行的清查

D. 每月对债权债务的核对属于局部清查

5. 企业遇有（　　）情形时，应对财产进行全面清查。

A. 清产核资　　B. 撤销合同

C. 单位主要领导人调离前　　D. 年终决算

6. 财产清查的意义在于（　　）。

A. 发挥会计监督作用　B. 加强企业管理　　C. 提高企业利润　　D. 以上均不是

7. 下列关于财产清查意义的表述中，正确的有（　　）。

A. 通过财产清查，可以查明各项财产物资的实有数量，确定实有数量与账面数量之间的差异

B. 通过财产清查，可以查明各项财产物资的库存和使用情况，合理安排生产经营活动，充分利用各项财产物资，加速资金周转，提高资金使用效率

C. 通过财产清查，查明账实不符的原因和责任，以便采取措施，消除差异，改进工作，从而保证账实相符，提高会计资料的准确性

D. 通过财产清查，可以查明各项财产物资的保管情况是否良好，以便采取有效措

施，改善管理，切实保障各项财产物资的安全完整

8. 下列情况下，企业需要对财产进行全面清查的有（　　）。

A. 公司总经理调离工作前　　B. 出纳人员调离工作前

C. 企业股份制改制前　　D. 企业合并前

9. 下列情况下，企业需要对财产进行全面清查的有（　　）。

A. 月终　　B. 单位撤销、合并或改变隶属关系

C. 季终　　D. 年终

10. 下列选项中，企业应当对财产进行全面清查的有（　　）。

A. 国内合资前　　B. 股份制改制前

C. 改变隶属关系前　　D. 编制年度财务会计报告前

11. 财产清查按清查的时间分为（　　）。

A. 外部清查　　B. 内部清查　　C. 不定期清查　　D. 定期清查

12. 财产清查包括（　　）。

A. 实物清查　　B. 银行存款清查

C. 债权债务清查　　D. 现金清查

13. 需要对财产进行全面清查的情况主要有（　　）。

A. 合并或改变隶属关系前　　B. 清产核资前

C. 合资前　　D. 单位撤销

14. 更换财产物资和现金保管人员时，需要进行（　　）。

A. 不定期清查　　B. 局部清查　　C. 定期清查　　D. 全面清查

15. 下列各种情况，需要对财产进行全面清查的有（　　）。

A. 单位主要负责人调离工作时　　B. 企业改变隶属关系时

C. 企业股份制改造时　　D. 更换仓库保管人员时

16. 下列关于财产清查类型的表述中，错误的是（　　）。

A. 全面清查具有清查范围广、内容多、时间长、参与人员多、工作量大等特点

B. 全面清查通常在月末、季末、年末进行

C. 不定期清查通常是局部清查

D. 全面清查的对象主要是流动性较大的财产以及容易造成短缺、损耗的财产物资

17. 需要对财产进行全面清查的情况有（　　）。

A. 年终结算前　　B. 企业破产清算

C. 会计机构负责人调离工作　　D. 清产核资

三、判断题

1. 企业财产的定期清查一般在期末进行，可以是全面清查，也可以是局部清查。（　　）

2. 造成账实不符的原因有很多，如财产物资的自然损耗、收发差错或计量误差、贪污盗窃等，因此需要对财产进行定期或不定期的清查。（　　）

3. 定期清查通常在月末、季末、年末进行，清查范围通常根据管理的需要而定，可以

是全面清查，也可以是局部清查。（　　）

4. 单位撤销时需要对财产进行全面清查。（　　）

5. 定期清查也称为局部清查。（　　）

6. 不定期清查一般在期末进行。（　　）

7. 一般来说，在企业撤销、合并和改变隶属关系时，应对财产进行实地盘点。（　　）

8. 全面清查必须是定期的。（　　）

9. 当发生意外灾害等非常损失时进行的损失情况的清查属于不定期清查。（　　）

10. 全面清查既可以是定期清查也可以是不定期清查。（　　）

11. 调换保管人员进行的有关财产物资的清查和发生意外灾害或事故等非常损失时进行损失情况的清查属于局部清查。（　　）

12. 一般情况下，全面清查是定期清查，局部清查是不定期清查。（　　）

任务二　掌握财产清查的方法

一、单项选择题

1. 银行存款余额调节表中调节后的余额相等，说明（　　）。

A. 企业和银行账面记录肯定有错误
B. 企业和银行账面记录一般有错误
C. 企业和银行账面记录一般没有错误
D. 企业和银行账面记录肯定没有错误

2. 现金清查的方法是（　　）。

A. 账目核对法
B. 复核法
C. 实地盘点法
D. 技术推算盘点法

3. 银行存款实有数为（　　）。

A. 银行存款日记账余额
B. 银行存款余额调节表中调节后相等的余额
C. 银行对账单余额
D. 以上都不对

4. 下列表述中正确的是（　　）。

A. 在银行存款清查中，即使本单位和开户银行的记录均正确，该单位的银行存款日记账和送来的账单还是可能不一致
B. 对于未达账项应编制银行存款余额调节表进行调节，同时将未达账项编制记账凭证调整入账

C. 各项往来款项的清查，应采用与对方单位核对账目的方法

D. 通过银行余额调节表调节后相等的余额为企业银行的账面余额

5. 对库存现金进行清查，通常采用的方法是（　　）。

A. 询证法　　B. 技术推算法

C. 核对法　　D. 实地盘点法

6. 银行存款清查的方法是（　　）。

A. 技术推算法　　B. 实地盘存法

C. 与银行核对账目　　D. 询证法

7. 在财产清查中填制的账存实存对比表是（　　）。

A. 调整账面记录的记账凭证　　B. 登记日记账的直接依据

C. 登记总账的直接依据　　D. 调整账面记录的原始凭证

8. 下列说法中正确的是（　　）。

A. 债权债务每年至少核对两三次　　B. 库存现金应该每日清点一次

C. 贵重物资应每天盘点一次　　D. 银行存款每月至少同银行核对两次

9. 关于银行存款余额调节表，下列说法中正确的是（　　）。

A. 银行存款余额调节表调节后的余额一般是企业可以动用的实际存款数

B. 银行存款余额调节表调节平衡后，说明企业与银行双方记账绝对无错误

C. 企业可根据银行存款余额调节表调整账簿

D. 银行存款余额调节表是重要的原始凭证

10. 库存现金清查中，在盘点结束时应根据盘点结果填制（　　）。

A. 对账单　　B. 实存账存对比表

C. 盘存单　　D. 库存现金盘点报告表

11. 下列选项中，（　　）不属于未达账项。

A. 银行代企业支付电费，未通知企业

B. 银行代收销货款已入账，但企业未接到银行通知

C. 企业销售商品一批，款项暂欠

D. 企业于月末开出转账支票，银行尚未入账

12. 某企业月末银行存款日记账余额80 000元，经查有4笔未达账项：企业已付银行未付款3 000元；企业已收银行未收款5 000元；银行已收企业未收款10 000元；银行已付企业未付款4 000元。则调节后存款余额为（　　）元。

A. 90 000　　B. 86 000　　C. 84 000　　D. 82 000

13. 某企业5月31日银行存款日记账余额750 000元，银行对账单余额975 000元。经核对，存在下列未达账项：①银行计提企业存款利息18 000元，企业尚未收到通知；②企业开出转账支票支付购料款217 500元，银行尚未办理入账手续；③企业收到转账支票一张，金额10 500元，企业已入账，银行尚未入账。则5月31日，该企业可动用的银行存款实际金额为（　　）元。

A. 543 000　　D. 750 000　　C. 768 000　　D. 975 000

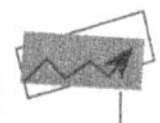

14. 银行存款应至少（　　）同银行核对一次。

A. 每日　　B. 每月　　C. 每季　　D. 每年

15. 下列关于银行存款清查方法的表述中，正确的是（　　）。

A. 实地盘存法　　B. 和往来单位核对账目的方法

C. 定期盘存法　　D. 与银行核对账目的方法

16. 月末某企业银行存款日记账余额280 000元，银行对账单余额190 000元，经过未达账项调节后的余额170 000元。企业期末可以动用的银行存款金额为（　　）元。

A. 280 000　　B. 190 000　　C. 180 000　　D. 170 000

17. 库存现金的清查方法是（　　）。

A. 外调核对法　　B. 与银行对账单核对

C. 实地盘点法　　D. 技术测算法

18. 对现金进行盘点时，盘点结果应编制的原始凭证是（　　）。

A. 银行对账单　　B. 盘存单

C. 账存实存对比表　　D. 库存现金盘点报告表

19. 银行存款余额调节表中调节后余额不相等，说明企业或银行账面记录（　　）。

A. 肯定没有错误　　B. 肯定有错误

C. 一般没有错误　　D. 一般有错误

20. 对于现金的清查，应将其结果及时填列（　　）。

A. 库存现金盘点报告表　　B. 账存实存对比表

C. 盘存单　　D. 对账单

21. 技术推算盘点法用于（　　）的清查。

A. 银行存款　　B. 往来款项　　C. 实物　　D. 现金

22. 企业财产清查后，据以填制待处理财产盘盈、盘亏记账凭证的原始凭证是（　　）。

A. 材料物资出库单　　B. 盘存单

C. 材料物资入库单　　D. 账存实存对比表

二、多项选择题

1. 下列选项中，属于现金清查内容的有（　　）。

A. 账实是否相符　　B. 是否白条抵库

C. 是否挪用现金　　D. 是否超限额留存现金

2. 下列选项中，关于存货清查的说法中正确的有（　　）。

A. 存货清查通常采用实地盘点的方法

B. 存货盘亏造成的损失，应当计入当期损益

C. 存货的账面价值是存货成本扣除累计跌价准备后的金额

D. 企业应对存货进行定期清查

3. 企业的银行存款日记账余额与银行对账单余额不一致的原因有（　　）。

A. 未达账项　　B. 盘亏　　C. 盘盈　　D. 记账错误

4. 月末编制试算平衡表时，因银行存款账户的余额计算不正确，导致试算平衡中全部账户月末借方余额合计550 000元，而全部账户月末贷方余额合计530 000元。则银行存款账户（　　）。

A. 为借方余额　　B. 为贷方余额
C. 借方余额多记20 000元　　D. 借方余额少记20 000元

5. 会使企业银行存款日记账账面余额小于银行对账单余额的未达账项有（　　）。

A. 银行已收，企业未收款　　B. 企业已付，银行未付款
C. 银行已付，企业未付款　　D. 企业已收，银行未收款

6. 产生未达账项的情况有（　　）。

A. 银行已收款入账，而企业尚未收款入账
B. 企业已收款入账，而银行尚未收款入账
C. 银行已付款入账，而企业尚未付款入账
D. 企业已付款入账，而银行尚未付款入账

7. 应每月清点一次的财产是（　　）。

A. 库存现金　　B. 银行存款　　C. 应收账款　　D. 贵重物品

8. （　　）的清查宜采用发函询证的方法。

A. 预付账款　　B. 存货　　C. 应收账款　　D. 应付账款

9. 下列记账凭证中，可以作为库存现金日记账登记依据的有（　　）。

A. 银行存款付款凭证　　B. 库存现金付款凭证
C. 库存现金收款凭证　　D. 银行存款收款凭证

10. 下列有关企业进行库存现金盘点清查时的做法，正确的有（　　）。

A. 在盘点库存现金时，出纳人员必须在场
B. 经领导批准，借条、收据可以抵充现金
C. 库存现金的清查方法采用实地盘点法
D. 库存现金盘点报告表需由盘点人员和出纳人员共同签章方能生效

11. 编制银行存款余额调整表时，应调整企业银行存款日记账余额的业务是（　　）。

A. 银行已收、企业未收　　B. 企业已收、银行未收
C. 企业已付、银行未付　　D. 银行已付、企业未付

12. 下列选项中，可能引起企业银行存款日记账和银行对账单余额不一致的有（　　）。

A. 未达账项　　B. 应收账款
C. 银行错账、漏账　　D. 企业错账、漏账

13. 出纳人员每天工作结束前都要将库存现金日记账结清并与库存现金实存数核对，这属于（　　）。

A. 不定期清查　　B. 局部清查　　C. 定期清查　　D. 全面清查

14. 某公司现金日记账的余额大于实地盘点数，导致账实不符的原因可能有（　　）。

A. 记账时以大记小的错位差错　　B. 记账时将相邻三位数字记颠倒
C. 记账时以小记大的错位差错　　D. 记账时将相邻两位数字记颠倒

15. 某企业属于小规模纳税企业，月初库存A材料100千克，单位成本80元；本月购入A材料700千克，单位成本80元；本期生产领用A材料300千克，期末经实地盘点，A材料实存450千克，下列表述中，正确的有（　　）。

A. 永续盘存制下本月领用A材料的成本为24 000元

B. 实地盘存制下本月领用A材料的成本为28 000元

C. 永续盘存制下A材料盘亏4 000元，若系收发计量错误，应计入管理费用

D. 永续盘存制下A材料的账面余额为40 000元

16. 下列说法中正确的有（　　）。

A. 银行存款日记账余额与对账单余额如果调整后仍不一致，说明记账有可能出现错误

B. 对于未达账项，有关原始凭证到达后才做处理

C. 不需要根据银行存款余额调节表做任何账务处理

D. 期末要根据调整后的金额做账务处理

三、判断题

1. 银行存款日记账和银行对账单都正确时，二者的余额仍然可能不一致。（　　）

2. 银行存款余额调节表不能作为实际记账的凭证。（　　）

3. 单位银行存款日记账账面余额与开户银行对账单余额不一致，肯定是单位或开户银行的记账错误。（　　）

4. 对于银行已入账，而本单位尚未入账的未达账项，应在发现后及时入账。（　　）

5. 库存现金，每日终了时应由出纳人员自行盘点一次。（　　）

6. 贵重的财产物资，至少要每日清查一次。（　　）

7. 银行存款余额调节表是一种对账记录，因此是原始凭证。（　　）

8. 调节后的银行存款余额，就是企业实际可使用的存款数额。（　　）

9. 现金和银行存款同属于货币资金，因此清查方法是相同的。（　　）

10. 在银行存款清查中，如果本单位和开户银行的记账均正确，那么该单位的银行存款日记账和送来的对账单肯定是一致的。（　　）

11. 盘点现金时，出纳人员必须在场，以明确经济责任。（　　）

12. 某企业2013年12月31日银行存款日记账账面余额为556 000元；银行对账单为538 000元。则企业在编制资产负债表时，应以556 000元为依据计算货币资金科目期末数。（　　）

13. 银行存款余额调节表是调整企业银行存款账面余额的原始凭证。（　　）

14. 如果企业银行存款日记账余额与银行对账单余额相等，则说明不存在未达账项。（　　）

15. 企业与外部单位往来款项的清查，一般采取编制对账单寄交给对方单位的方式进行，因此属于账账核对。（　　）

16. 因为银行对账单上对银行存款的每一笔经济业务都反映得详细且真实，所以可以用银行对账单代替企业的银行存款日记账。这样，可以大大减少每日的工作量，且免去每月

对账和编制银行存款余额调节表的烦琐。 （ ）

17. 每日终了，银行存款日记账必须结出余额，并与银行对账单核对相符。 （ ）

18. 未达账项包括企业未收到凭证而未入账的款项和企业、银行都未收到凭证而未登记入账的款项。 （ ）

19. 为了明确经济责任，对库存现金清查时出纳人员必须在场，现金由出纳人员经手盘点，清查人员从旁监督，不允许用不具法律效力的借条、收据等抵充库存现金。 （ ）

20. 对于未达账项应编制银行存款余额调节表进行调节，同时将未达账项编制记账凭证登记入账。 （ ）

21. 银行存款日记账与银行对账单不一致的主要原因是记账错误和存在未达账项。 （ ）

22. 银行已经付款记账而企业尚未付款记账，会使开户单位银行存款账面余额小于银行对账单的存款余额。 （ ）

23. 库存现金的清查包括出纳人员每日的清点核对和清查小组定期、不定期的清查。 （ ）

24. 银行存款余额调节表只是用作核对账目，并不能作为调整银行存款账面余额的原始凭证。 （ ）

四、综合题

1. 资料：

（1）方圆公司2017年1月1—31日银行存款日记账账面记录，如表8-1所示。

（2）银行2017年2月1日传来的该公司1月对账单，如表8-2所示。

表8-1 银行存款日记账

银行存款日记账 单位：元

2017年		凭证号数	对方账户	摘要	收入（借方）金额							核对	付出（贷方）金额							核对	结存金额							
月	日				万	千	百	十	元	角	分		万	千	百	十	元	角	分		十	万	千	百	十	元	角	分
1	1			承前页																	1	0	8	6	0	0	0	0
	1	（略）		支付货款										8	2	0	0	0	0		1	0	0	4	0	0	0	0
	5			存入货款	2	4	6	0	0	0	0										1	2	5	0	0	0	0	0
	8		（略）	上缴税金									1	8	0	0	0	0	0		1	0	7	0	0	0	0	0
	11			收回欠款	1	8	6	0	0	0	0										1	2	5	6	0	0	0	0
	14			提取现金										5	0	0	0	0	0		1	2	0	6	0	0	0	0
	19			支付货款									1	2	9	0	0	0	0		1	0	7	7	0	0	0	0
	28			支付保险										9	0	0	0	0	0			9	8	7	0	0	0	0
	29			存入货款	1	2	8	0	0	0	0										1	1	1	5	0	0	0	0
	30			收回欠款		3	0	0	0	0	0										1	1	4	5	0	0	0	0

表8-2　对账单

中国工商银行广州市分行（　　）对账单

户名：方圆公司　　2017年1月　　单位：元

账号：7898-3366-0869　　第×页

日期		交易号码	操作页码	支票号	借（付）方	核对	贷（收）方	核对	余额
1	1	（略）	（略）	（略）					108 600
1	1				8 200				100 400
1	5						24 600		125 000
1	8				18 000				107 000
1	11						18 600		125 600
1	14				5 000				120 600
1	20				12 900				107 700
1	26						12 800		120 500
1	27						14 000		134 500
1	30				3 600				130 900

要求：根据上述资料核对账目后，编制方圆公司2017年1月的银行存款余额调节表，如表8-3所示。

表8-3　银行存款余额调节表（1）

银行存款余额调节表

年　月　日

项　　目	金额/元	项　　目	金额/元
银行存款日记账余额		银行对账单余额	
加：银行已收单位未收款项		加：单位已收银行未收款项	
减：银行已付单位未付款项		减：单位已付银行未付款项	
调节后余额		调节后余额	

2. 资料：

华天公司2017年10月银行存款日记账与银行对账单在28日以后的资料如下（假定28日以前的记录均正确，28日以后的银行对账单记录无误）：

（1）华天公司银行存款日记账的账面记录，如表8-4所示：

表8-4　银行存款日记账　　单位：元

日期	摘　　要	金　额
29日	存入购货方转账支票#104	14 000
30日	开出转账支票#052，支付购料款	9 360
30日	开出转账支票#053，支付运输费	1 200
31日	存入购货方转账支票#170	5 850
31日	开出现金支票#022，支付明年上半年房租	9 600
	银行存款日记账期末余额	106 900

（2）银行对账单的记录，如表8-5所示：

表8-5　银行对账单　　单位：元

日期	摘　　要	金　额
30日	存入转账支票#104	14 040
30日	开出转账支票#052	9 360
31日	开出转账支票#053	2 100
31日	代付借款利息	680
31日	收回托收的货款	20 000
	银行存款日记账期末余额	130 910

要求：华天公司在更正错账后编制了下列银行存款余额调节表，如表8-6所示，请完成表中有关项目的填列。

表8-6　银行存款余额调节表（2）

银行存款余额调节表

编制单位：华天公司　　2017年10月31日

项　　目	金额/元	项　　目	金额/元
企业银行存款日记账余额	（1）	银行对账单余额	（5）
加：银行已收企业未收的款项合计	（2）	加：企业已收银行未收的款项合计	（6）
减：银行已付企业未付的款项合计	（3）	减：企业已付银行未付的款项合计	（7）
调节后余额	（4）	调节后余额	（8）

请答题：（注：填写金额不要加单位。只允许输入阿拉伯数字。）

（1）________；（2）________；（3）________；（4）________；

（5）________；（6）________；（7）________；（8）________。

任务三 熟悉财产清查结果的处理

一、单项选择题

1. 下列对于财产清查结果处理要求的表述中，错误的是（　　）。

A. 积极处理多余积压财产，清理往来款项

B. 分析账面数与实存数产生差异的原因和性质，立即进行账务调整

C. 及时调整账簿记录，保证账实相符

D. 总结经验教训，建立健全各项管理制度

2. 现金清查中，发现库存现金较账面短缺500元，在未查明原因之前，应借记的会计科目是（　　）。

A. 管理费用　　B. 待处理财产损溢

C. 营业外支出　　D. 其他应收款

3. 企业在进行现金清查时，查出现金溢余，并将溢余数计入待处理财产损溢科目。后经进一步核查，无法查明原因，经批准后，对该现金溢余正确的会计处理方法是（　　）。

A. 将其从待处理财产损溢转入营业外收入

B. 将其从待处理财产损溢转入管理费用

C. 将其从待处理财产损溢转入其他应付款

D. 将其从待处理财产损溢转入其他应收款

4. 企业如有盘盈的固定资产，应计入（　　）。

A. 营业外收入　　B. 以前年度损益调整

C. 固定资产清理　　D. 待处理财产损溢

5. 在财产清查中，通过账存实存对比表发现：账存甲材料100 000元，实存甲材料110 000元，原因待查，在未批准处理前，下列账务处理中正确的是（　　）。

A. 借：固定资产——甲材料　　10 000
　　贷：待处理财产损溢——非流动资产损溢　　10 000

B. 借：待处理财产损溢——流动资产损溢　　10 000
　　贷：原材料——甲材料　　10 000

C. 借：原材料——甲材料　　10 000
　　贷：待处理财产损溢——流动资产损溢　　10 000

D. 借：原材料——甲材料　　10 000
　　贷：营业外收入　　10 000

6. 某企业财产清查中发现现金长款300元，在批准处理前编制会计分录时应借记库存现金科目，贷记（　　）。

A. 其他应付款　　B. 营业外收入
C. 待处理财产损溢　　D. 其他应收款

7. 某企业发生非正常损失材料500千克，购入时增值税专用发票上注明买进20 000元，增值税额3 400元，在经批准前，以下账务处理正确的是（　　）。

A. 借：待处理财产损溢——待处理流动资产损溢　　23 400
　　贷：原材料　　23 400
B. 借：待处理财产损溢——待处理流动资产损溢　　23 400
　　贷：原材料　　20 000
　　　　应交税费——应交增值税（进项税额转出）　　3 400
C. 借：待处理财产损溢——待处理流动资产损溢　　23 400
　　贷：原材料　　20 000
　　　　应交税费——应交增值税（销项税额）　　3 400
D. 借：原材料　　20 000
　　贷：待处理财产损溢——待处理流动资产损溢　　20 000

8. 盘亏的固定资产应该通过（　　）核算。

A. 固定资产清理　　B. 以前年度损益调整
C. 材料成本差异　　D. 待处理财产损溢

9. 无法查明原因的现金盘盈应该计入（　　）。

A. 其他业务收入　　B. 管理费用　　C. 销售费用　　D. 营业外收入

10. 企业因债务重组发生损失170 000元，应借记（　　）核算。

A. 营业外支出　　B. 管理费用　　C. 本年利润　　D. 财务费用

11. 待处理财产损溢账户期末（　　）。

A. 可能有借方余额　　B. 可能有贷方余额　　C. 无余额　　D. 以上都不对

12. 盘亏固定资产经批准后，应借记（　　）。

A. 管理费用　　B. 固定资产　　C. 营业外支出　　D. 待处理财产损溢

13. 存货盘盈，经批准后一般应作为（　　）处理。

A. 营业外收入　　B. 资本公积　　C. 冲减管理费用　　D. 投资收益

14. 由于保管人员的责任导致存货盘亏，应当由其赔偿的部分，可计入（　　）。

A. 其他应收款　　B. 营业外支出　　C. 管理费用　　D. 营业外收入

15. 某企业仓库本期期末盘亏原材料，查明属于自然损耗，经批准后进行会计处理。下列会计分录中，正确的是（　　）。

A. 借：管理费用
　　贷：待处理财产损溢
B. 借：待处理财产损溢
　　贷：管理费用
C. 借：待处理财产损溢
　　贷：原材料
D. 借：营业外支出
　　贷：待处理财产损溢

16. 在企业进行财产清查时，发现原材料盘盈200元，在报批前正确的账务处理是（ ）。

A. 借：待处理财产损溢 200
　　贷：原材料 200

B. 借：管理费用 200
　　贷：待处理财产损溢 200

C. 借：待处理财产损溢 200
　　贷：管理费用 200

D. 借：原材料 200
　　贷：待处理财产损溢 200

17. 财产清查中发现的财产短缺，如果由于工作中的收发差错导致的，则下列关于会计处理时应借记的科目中，正确的是（ ）。

A. 管理费用　B. 生产成本　C. 营业外支出　D. 制造费用

18. 现金处理中，发现现金短缺300元，研究决定由出纳赔偿200元，余额报损失，则批准处理后的会计分录为（ ）。

A. 借：其他应收款 200
　　营业外支出 100
　　贷：待处理财产损溢 300

B. 借：其他应收款 200
　　管理费用 100
　　贷：待处理财产损溢 300

C. 借：库存现金 300
　　贷：待处理财产损溢 300

D. 借：待处理财产损溢 300
　　贷：库存现金 300

二、多项选择题

1. 下列选项中，符合财产清查结果处理要求的有（ ）。

A. 总结经验教训，建立健全各项管理制度

B. 分析产生差异的原因和性质，提出处理建议

C. 及时调整账簿记录，保证账实相符

D. 积极处理多余积压财产，清理往来款项

2. 在对财产清查结果进行处理时，下列属于审批前处理步骤的是（ ）。

A. 根据已经查实的数据资料，变更记账凭证，计入有关账簿，使账簿记录与实际盘存数相符

B. 进行差异处理

C. 根据企业的管理权限，将处理建议报股东大会或董事会等机构批准

D. 以上均不对

3. 对于盘亏、毁损的存货，经批准后进行财务处理时，下列选项中可能涉及的借方科目有（　　）。

A. 营业外支出　　B. 管理费用　　C. 原材料　　D. 其他应收款

4. 某企业在财产清查中，发现账外原材料一批，估价为20 000元，根据账存实存对比表确定的盘盈数和批准数为14 000元的处理意见，应分别编制如下会计分录（　　）。

A. 借：原材料　　20 000
　　贷：待处理财产损溢　　20 000

B. 借：待处理财产损溢　　14 000
　　贷：营业外收入　　14 000

C. 借：原材料　　14 000
　　贷：待处理财产损溢　　14 000

D. 借：待处理财产损溢　　14 000
　　贷：管理费用　　14 000

5. 对于存货盘亏及毁损，经批准后不应计入管理费用的是（　　）。

A. 管理不善造成的存货净损失　　B. 自然灾害造成的存货净损失

C. 应由过失人赔偿的存货损失　　D. 应由保险公司赔偿的存货损失

6. 某制造企业在财产清查中，发现账外原材料一批，估计价值为15 000元，并按规定报经批准。会计机构对此应做的会计分录有（　　）。

A. 借：待处理财产损溢　　15 000
　　贷：原材料　　15 000

B. 借：待处理财产损溢　　15 000
　　贷：营业外收入　　15 000

C. 借：待处理财产损溢　　15 000
　　贷：管理费用　　15 000

D. 借：原材料　　15 000
　　贷：待处理财产损溢　　15 000

7. 下列关于待处理财产损溢的说法中正确的有（　　）。

A. 贷方登记待处理财产物资盘盈数或转销已批准处理的财产物资盘亏、毁损数

B. 借方登记待处理财产物资盘亏、毁损数

C. 借方登记结转经批准处理的财产物资盘盈数

D. 期末余额在借方，表示待处理财产的盘盈或盘亏数

8. 盘亏的存货在处理时，应分情况计入（　　）账户。

A. 其他应收款　　B. 管理费用

C. 财务费用　　D. 营业外收入

9. 下列存货盘亏损失，报经批准后，可转作管理费用的有（　　）。

A. 自然灾害所造成的毁损净损失　　B. 管理不善所造成的毁损净损失

C. 计量不准确所造成的短缺净损失　　D. 保管中产生的定额内自然损耗

三、判断题

1. 处理前，会计人员应当根据清查结果报告表、盘点报告表等资料，编制记账凭证。（　）

2. 在对财产清查结果进行处理时，在审批之后，应根据已经查实的数据资料，编制记账凭证，计入有关账簿，使账簿记录与实际盘存数相符。（　）

3. 财产清查中发现盘盈、盘亏，在报经批准前暂不入账。（　）

4. 对于固定资产盘亏，应计入期间费用。（　）

5. 待处理财产损溢借方登记财产盘亏、毁损数额以及盘盈的转销数字。（　）

6. 盘亏及毁损财产物资的数额中属于责任者个人赔偿的，应转入营业外支出的借方。（　）

7. 年末以前年度损益调整账户的余额应转入本年利润，结转后无余额。（　）

8. 非正常原因造成的资产盘亏损失经批准后应该计入营业外支出。（　）

9. 企业盘盈的固定资产净值应作为前期会计差错计入以前年度损益调整。（　）

10. 企业因自然灾害造成固定资产盘亏，经批准核销时，应借记管理费用。（　）

11. 对于财产清查中查明的确实无法收回的应收款项，按规定手续经批准后应予以核销。（　）

12. 企业财产清查中，发现账外设备一台，报经批准后，应冲减营业外支出。（　）

13. 对于盘亏固定资产的净损失，报经批准后应转入营业外支出。（　）

14. 为便于反映财产清查盘盈、盘亏情况，企业会计上应设置待处理财产损溢，借方登记财产的盘亏、毁损数额以及盘盈的转销数字，贷方登记财产的盘盈数额以及盘亏的转销数字。（　）

15. 某企业为增值税一般纳税企业，在对其期末存货进行财产清查时，发现A商品溢余20件，单价20元，共计400元，因数目较小，可直接计入管理费用进行调整处理。（　）

四、综合题

1. 2017年11月30日，某企业按照预定的清查计划，对货币资金、实物进行清查，详细情况如下：

（1）清查小组采用实地盘点法清查现金，在清查人员的监督下，出纳张某经手盘点出金额32 000元，清查人员审核相关凭证和账簿后，发现账簿记录的金额为30 000元，账实不符的原因是出纳应支付职工许某差旅费2 000元，该职工未领取。清查小组组长为李某，盘点人为王某。

（2）清查小组通过与开户银行转来的对账单进行银行存款核对，银行对账单余额为350 000元，而企业账上记录银行存款余额为280 000元。经查，差额是由于未达账项引起的：

①11月28日，企业支付水电费，计8 000元，已开出支票并已编制会计凭证且登记入账，银行尚未处理。

②11月28日，银行将借给企业的130 000元划入企业的存款账户，企业未收到入账通知。

③企业因开空头支票，被银行罚款18 000元。11月29日，银行将款项从企业账户划出，企业未做处理。

④11月29日，企业收到转账支票一张，金额为50 000元，是上个月赊销的货款，企业已入账，但未将支票带去银行办理手续。

（3）清查小组采用实地盘点法确定了设备Y的实存数，发现账上多记了一台设备，账面原价为28 000元，已折旧10 000元。清查小组未查明原因。清查小组将盘点结果填制盘存单及账存实存对比表，相关人员已将处理意见（作为非常损失）报请领导批示，领导同意该处理方法。

要求：根据上述资料，完成以下表格和分录：

（1）填制库存现金盘点报告表（见表8-7）：

表8-7　库存现金盘点报告表

库存现金盘点报告表

2017年11月30日

实存金额/元	账存金额/元	对比结果（打“√”）		备注（处理意见）
		溢余	短缺	
（　）	（　）	（　）	（　）	（　）

负责人签章：（　）　　盘点人签章：（　）　　出纳人签章：（　）

（2）填制银行存款余额调节表（见表8-8），在项目栏括号内填上相应的计算符号，在金额栏内填上相应的数字。

表8-8　银行存款余额调节表（3）

银行存款余额调节表

2017年11月30日

项　目	金额/元	项　目	金额/元
企业银行存款日记账余额	（　）	银行对账单余额	（　）
（　）银行已收，企业未收 （　）银行已付，企业未付	（　） （　）	（　）企业已收，银行未收 （　）企业已付，银行未付	（　） （　）
调节后存款余额	（　）	调节后存款余额	（　）

（3）根据事项（3）的清查结果，编制处理意见报批前和报批后的会计分录。

项目九　编制财务报告

任务一　认知财务报告

一、单项选择题

1. 属于静态报表的是（　　）。

A. 利润分配表　　B. 现金流量表　　C. 利润表　　D. 资产负债表

2. 属于动态报表的是（　　）。

A. 利润分配表　　B. 资产负债表　　C. 利润表　　D. 附注

3. 在我国，年度结账日为（　　）。

A. 5月31日　　B. 12月31日

C. 6月30日　　D. 次年的1月10日

4. 股东（投资者）作为财务会计报告的使用者之一，其主要关注（　　）。

A. 投资的内在风险和投资报酬

B. 企业的兴衰及其发展情况

C. 职工福利的好坏

D. 企业财务状况好坏、经营业绩的优劣以及现金的流动情况

5. 在中国境外设立的中国企业，在向国内报送财务报表时应当（　　）。

A. 使用美元　　B. 折算为人民币

C. 使用当地法定货币　　D. 使用记账本位币

6. 下列选项中不属于中期财务报表的是（　　）。

A. 月报　　B. 季报　　C. 半年报　　D. 年报

7. 会计报表中没有规定统一格式的报表是（　　）。

A. 内部报表　　B. 静态报表　　C. 动态报表　　D. 汇总报表

8. 会计政策变更的内容和理由应在（　　）中披露。

A. 现金流量表　　B. 资产负债表

C. 财务情况说明书　　D. 会计报表附注

9. 会计报表中报表项目的数字的直接来源是（　　）。

A. 日记账　　B. 账簿记录　　C. 记账凭证　　D. 原始凭证

二、多项选择题

1. 月份终了，需编制和报送的会计报表有（　　）。

A. 资产负债表　　B. 所有者权益变动表

C. 利润表　　D. 现金流量表

2. 下列属于对财务会计报表编制的基本要求的有（　　）。

A. 按正确的会计基础编制　　B. 以持续经营为基础编制

C. 项目遵守重要性原则　　D. 至少按年编制财务报表

3. 属于会计中期的会计期间有（　　）。

A. 月度　　B. 季度　　C. 半年度　　D. 年度

4. 资产负债表反映的经济内容是企业的财务状况，表现为（　　）。

A. 资产状况　　B. 偿债能力　　C. 财务成果　　D. 权益状况

5. 财务会计报表应包括（　　）。

A. 现金流量表　　B. 所有者权益变动表

C. 利润表　　D. 资产负债表

6. 下列选项中，属于财务会计报表使用者的有（　　）。

A. 政府及有关机构　　B. 投资人

C. 单位管理人员　　D. 债权人

7. 中期财务报告至少应包括（　　）。

A. 利润表　　B. 现金流量表

C. 资产负债表　　D. 所有者权益变动表

8. 在编制会计报表时，必须（　　）。

A. 做到清晰明了，便于理解和运用

B. 做到提供的会计信息全面，对重要的经济业务应当单独反映

C. 使会计报表提供的信息满足各方面的需要

D. 尽量遵循国际惯例，统一和简化对外报送的会计报表

三、判断题

1. 资产负债表和损益表都是反映企业特定日期财务状况的会计报表。（　　）

2. 会计报表应当根据经过审核的会计账簿记录和有关资料编制。（　　）

3. 编制会计报表的主要目的就是为会计报表使用者做决策提供信息。（　　）

4. 中期财务报表是企业对一个阶段财务状况的总结，没有年度财务报表重要，可以不

必提供财务报表附注。（　）

5. 现金流量表是反映单位在一定会计期间现金和现金等价物流入和流出的会计报表，是动态的会计报表。（　）

6. 会计报表便于理解的要求是建立在会计报表使用者具有一定的会计报表阅读能力的基础上的。（　）

7. 为了满足不同使用者对会计信息的需要，单位向不同的会计信息使用者提供的财务会计报告，其编制依据、编制基础、编制原则和方法可以不一致。（　）

8. 每个企业都必须定期编制会计报表。（　）

9. 财务会计报表的会计期间是指农历1月1日至12月31日。（　）

10. 现金流量表是静态报表。（　）

任务二　掌握资产负债表的编制方法

一、单项选择题

1. 可以反映企业的短期偿债能力的报表是（　）。
   A. 现金流量表　B. 利润分配表　C. 资产负债表　D. 利润表

2. 资产、负债、所有者权益是资金运动的（　）。
   A. 静态表现　B. 动态表现
   C. 静态表现和动态表现　D. 其他形态表现

3. 可以反映企业某一特定日期财务状况的报表是（　）。
   A. 利润表　B. 利润分配表
   C. 现金流量表　D. 资产负债表

4. 下列关于资产负债表的表述中，不正确的是（　）。
   A. 可以分析企业目前与未来需要支付的债务数额
   B. 可以分析企业在某一日期所拥有的经济资源及其分布情况
   C. 可以反映企业现有投资者在企业资产总额中所占的份额
   D. 可以反映企业的盈利能力

5. 资产负债表中的所有者权益反映的是某一特定日期投资者拥有的（　）总额。
   A. 未分配利润　B. 总负债　C. 总资产　D. 净资产

6. 资产负债表是根据（　）这一会计等式编制的。
   A. 资产＝负债＋所有者权益＋收入－费用　B. 收入－费用＝利润
   C. 资产＝负债＋所有者权益　D. 现金流入－现金流出＝现金净流量

7. 目前，我国会计制度规定，编制企业资产负债表采用（　　）格式。

A. 多步式　B. 报告式　C. 账户式　D. 单步式

8. 资产负债表中资产是按资产的（　　）排列的。

A. 占用金额大小　B. 所有权　C. 金额大小　D. 流动性大小

9. 下列资产中，流动性最强的是（　　）。

A. 其他应收款　B. 应收票据　C. 预付账款　D. 应收账款

10. 下列说法中，不正确的是（　　）。

A. 业务收支以外币为主的单位可以选择某种外币作为记账本位币

B. 我国企业进行会计核算只能以人民币作为记账本位币

C. 在境外设立的中国企业向国内报送的财务报告，应当折算为人民币

D. 会计核算过程中采用货币统一的计量单位

11. 下列选项中，不在资产负债表的右方列示的是（　　）。

A. 递延所得税负债　B. 交易性金融负债

C. 预付款项　D. 库存股

12. 下列选项中不属于资产负债表项目的是（　　）。

A. 工程物资　B. 营业成本　C. 实收资本　D. 未分配利润

13. 关于资产负债表的格式，下列说法中不正确的是（　　）。

A. 账户式资产负债表分为左右两方，左方为资产、右方为负债和所有者权益

B. 我国的资产负债表采用报告式

C. 资产负债表主要有账户式和报告式

D. 负债按照求偿权的先后顺序排列

14. 下列关于资产负债表应付账款项目填列方法的表述中，正确的是（　　）。

A. 根据应付账款的期末贷方余额和应收账款的期末借方余额计算填列

B. 直接根据应付账款的期末贷方余额填列

C. 根据应付账款的期末贷方余额和应收账款的期末贷方余额计算填列

D. 根据应付账款和预付账款所属相关明细科目的期末贷方余额计算填列

15. 资产负债表的下列项目中，必须根据总账科目和明细账科目两者的余额分析计算填列的是（　　）。

A. 长期借款　B. 应收账款　C. 短期借款　D. 应付账款

16. 如果企业的预收账款不多，可以不单独设置预收账款，在（　　）中进行核算。

A. 应付账款　B. 应收账款　C. 预付账款　D. 预收账款

17. 资产负债表中的应收票据项目反映的是（　　）。

A. 支票　B. 银行汇票　C. 银行本票　D. 商业汇票

18. 企业有关项目月末余额情况如下：原材料借方60 000元，库存商品借方71 000元，生产成本借方120 000元，材料成本差异贷方15 000元，则月末资产负债表中存货项目的期末余额为（　　）元。

A. 255 000　B. 236 000　C. 135 000　D. 113 000

19. 某企业长期借款月末余额为300 000元，其中20 000元将于一年内到期；应付债券月末余额为200 000元，其中60 000元将于一年内到期。则该企业资产负债表中一年内到期的非流动负债项目的期末余额为（　　）元。

A. 80 000　　B. 140 000　　C. 280 000　　D. 500 000

20. 某企业期末固定资产账户借方余额为2 000 000元，累计折旧账户贷方余额为800 000元，固定资产减值准备账户贷方余额为300 000元，固定资产清理账户借方余额为20 000元。则该企业资产负债表中固定资产项目的期末余额应为（　　）元。

A. 900 000　　B. 920 000　　C. 1 200 000　　D. 2 020 000

21. 某企业部分账户的期末余额如下：库存现金20 000元，银行存款800 000元，其他货币资金50 000元，应收账款250 000元。则资产负债表中的货币资金项目应填列的金额为（　　）元。

A. 1 120 000　　B. 870 000　　C. 850 000　　D. 820 000

22. 某企业部分账户的期末余额如下：应付账款总账和明细账都是贷方余额600 000元，"预付账款"总账借方余额200 000元，其明细账中有借方余额280 000元、贷方余额80 000元；预收账款明细账借方余额20 000元、贷方余额100 000元。则资产负债表中的应付账款项目应填列的金额为（　　）元。

A. 600 000　　B. 680 000　　C. 700 000　　D. 780 000

23. 某公司年末应收账款的借方余额为100元（其明细科目没有贷方余额），预收账款的贷方余额为1 500 000元，其中，明细账的借方余额为150 000元，贷方余额为1 650 000元。应收账款对应的坏账准备期末余额为80 000元，该企业年末资产负债表中应收账款项目的金额为（　　）元。

A. 1 070 000　　B. 1 150 000　　C. 1 500 000　　D. 1 650 000

24. 某企业月初资产总额为6 000 000元，负债总额为3 000 000元，本月发生如下经济业务：①购买材料一批，用银行存款支付300 000元价款；②从银行借入期限为3年的借款，共计200 000元。月末该企业的所有者权益总额应为（　　）元。

A. 3 000 000　　B. 3 200 000　　C. 3 300 000　　D. 3 500 000

二、多项选择题

1. 下列选项中反映资金运动静态表现的会计要素有（　　）。

A. 收入　　B. 利润　　C. 资产　　D. 负债

2. 下列选项中属于流动资产项目的有（　　）。

A. 制造费用　　B. 预收账款　　C. 预付账款　　D. 生产成本

3. 下列选项中属于流动负债的是（　　）。

A. 一年内到期的长期借款　　B. 应交税费

C. 应付票据　　D. 应付账款

4. 下列选项中属于非流动资产的有（　　）。

A. 长期股权投资　　B. 固定资产

C. 无形资产　　D. 长期应收款

5. 在资产负债表中，资产按照其流动性排列时，下列排列方法中不正确的是（　　）。

A. 货币资金、交易性金融资产、存货、无形资产

B. 交易性金融资产、存货、无形资产、货币资金

C. 无形资产、货币资金、交易性金融资产、存货

D. 存货、无形资产、货币资金、交易性金融资产

6. 下列选项中属于无形资产的是（　　）。

A. 著作权　　B. 非专利技术　　C. 商标权　　D. 土地使用权

7. 下列项目中属于企业存货的有（　　）。

A. 在建工程　　B. 工程物资　　C. 低值易耗品　　D. 在途物资

8. 在资产负债表中，负债分为（　　）。

A. 短期负债　　B. 预计负债　　C. 非流动负债　　D. 流动负债

9. 下列各负债项目中，属于非流动负债的有（　　）。

A. 应付债券　　B. 应付账款　　C. 长期应付款　　D. 长期借款

10. 下列选项中属于报表中所有者权益项目的有（　　）。

A. 资本公积　　B. 实收资本　　C. 未分配利润　　D. 留存收益

11. 资产负债表的格式主要有（　　）。

A. 单步式　　B. 账户式　　C. 多步式　　D. 报告式

12. 下列资产负债表项目中，根据总账余额直接填列的有（　　）。

A. 货币资金　　B. 应收票据　　C. 短期借款　　D. 存货

13. 编制资产负债表时，（　　）项目，其对应账户出现借方余额时以负数填列。

A. 未分配利润　　B. 应交税费

C. 固定资产清理　　D. 应付职工薪酬

14. 期末，应收账款总账借方余额为58 000元，其中：应收账款——甲公司为借方73 000元；应收账款——乙公司为贷方15 000元。则资产负债表有关项目中（　　）元。

A. 应收账款58 000　　B. 预付账款15 000

C. 应收账款73 000　　D. 预收账款15 000

15. 有关账户期末余额如下：应付账款账户贷方余额4 500 000元，其中，应付账款——甲公司账户贷方余额3 000 000元；应付账款——乙公司账户借方余额1 500 000元。预付账款账户借方余额1 600 000元，其中，预付账款——丙公司账户借方余额1 800 000元；预付账款——丁公司账户贷方余额200 000元。期末编制资产负债表，应付账款及预付账款的金额分别为（　　）。

A. 应付账款3 100 000元　　B. 应付账款3 200 000元

C. 预付账款3 300 000元　　D. 预付账款2 000 000元

16. 年内资产负债表中未分配利润项目填制的依据是（　　）。

A. 实收资本　　B. 利润分配

C. 应付利润　　D. 本年利润

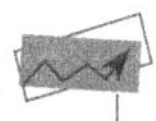

17. 某企业2017年12月31日固定资产账户余额为30 000 000元，累计折旧账户余额为9 000 000元，固定资产减值准备账户余额为1 000 000元，工程物资账户余额为2 000 000元，则该企业2017年12月31日资产负债表中固定资产项目的金额不可能为（　　）元。

A. 20 000 000　　B. 21 000 000　　C. 22 000 000　　D. 29 000 000

三、判断题

1. 资产负债表是反映企业某一特定日期经营成果的会计报表。（　　）
2. 资产负债表中确认的资产都是企业拥有的。（　　）
3. 生产成本属于资产负债表存货的列示范围。（　　）
4. 应收及预付款项中有部分是短期债权，有部分是长期债权。（　　）
5. 偿还期限超过一年的一个营业周期以内的债务属于流动负债。（　　）
6. 资产负债表的资产按流动性大小排列：流动性小的资产排在前面，流动性大的排在后面。（　　）
7. 对于在资产负债表日起，一年内到期的长期负债，应被确认为流动负债。（　　）
8. 资产按实物形态可分为流动资产和非流动资产。（　　）
9. 当应付账款余额在贷方时，具有债权性质。（　　）
10. 资产按流动性可分为流动资产和非流动资产。（　　）
11. 委托其他单位或个人代销的商品仍属于本企业的存货。（　　）
12. 流动性强弱是根据资产转换为现金或负债到期清偿所需时间来衡量的。（　　）
13. 长期借款的偿还期限在一年以上。（　　）
14. 不单独设置预收账款科目的企业，预收的账款可在应付账款科目核算。（　　）
15. 资产负债表中负债及所有者权益项目是按求偿权先后顺序排列的。（　　）
16. 目前，我国企业的资产负债表采用的是报告式编制格式。（　　）
17. 应收账款项目根据应收账款和预收账款科目的所属相关明细科目的期末借方余额减去已计提的坏账准备后的净额填列。（　　）
18. 期末，应根据各总账账户的期末余额填列资产负债表。（　　）
19. 资产负债表中的存货项目内容应包括生产成本。（　　）
20. 期末，应付账款所属明细账账户余额合计数为借方60 000元，应据以填列资产负债表中的预付账款项目。（　　）
21. 资产负债表中的长期借款项目应根据长期借款账户的余额直接填列。（　　）
22. 资产负债表中固定资产项目，应根据固定资产账户余额减去累计折旧、固定资产减值准备等账户的期末余额后的金额填列。（　　）
23. 编制资产负债表时，固定资产清理项目可直接根据总账账户余额填列。（　　）
24. 企业资产负债表中，固定资产项目反映固定资产的原值。（　　）
25. 生产成本科目余额应列入利润表。（　　）
26. 资产负债表中货币资金项目就是根据库存现金和银行存款两个总分类科目期末余额的合计数填列的。（　　）

四、综合题

1. 华夏公司2017年年末总资产比年初总资产多200 000元，年末流动资产是年末流动负债的6倍，且比年初的流动资产多20 000元。2017年年末的资产负债表（见表9-1）如下：

表9-1　资产负债表（1）

资产负债表（简表）

制表单位：华夏公司　　　　2017年12月31日　　　　单位：元

资　产	年初数	年末数	负债和所有者权益	年初数	年末数
流动资产：			流动负债：		
货币资金	62 500	57 200	短期借款	20 000	23 600
应收账款	73 500	（1）	应付账款	22 500	（9）
其他应收款	26 000	29 500	应交税费	（10）	16 500
存货	（2）	133 200	流动负债合计	（11）	62 700
流动资产合计	（3）	（4）	非流动负债：		
非流动资产：			长期借款	180 000	350 000
固定资产	（5）	（6）	所有者权益		
固定资产清理			实收资本	310 000	310 000
无形资产			盈余公积	72 000	（12）
			所有者权益合计	（13）	（14）
资产总计	（7）	（8）	负债和所有者权益合计	610 000	（15）

要求：请填写表9-1括号中的数据。

（1）________；（2）________；（3）________；（4）________；
（5）________；（6）________；（7）________；（8）________；
（9）________；（10）________；（11）________；（12）________；
（13）________；（14）________；（15）________。

2. 中海公司2017年9月的余额试算平衡表，如表9-2所示：

表9-2　余额试算平衡表

余额试算平衡表

2017年9月30日

会计科目	期末余额	
	借方	贷方
库存现金	740	
银行存款	168 300	

续表

会计科目	期末余额	
	借方	贷方
应收账款	85 460	
坏账准备		6 500
原材料	66 500	
库存商品	101 200	
存货跌价准备		1 200
固定资产	468 900	
累计折旧		3 350
固定资产清理		5 600
长期待摊费用	14 500	
应付账款		93 000
预收账款		10 000
长期借款		250 000
实收资本		500 000
盈余公积		4 500
利润分配		19 300
本年利润		12 150
合　计	905 600	905 600

补充资料：

（1）应收账款有关明细账期末余额情况为：

应收账款——长城公司　　借方余额98 000

应收账款——海天公司　　贷方余额12 540

（2）长期待摊费用中含将于一年内摊销的金额8 000元。

（3）应付账款有关明细账期末余额情况为：

应付账款——白云公司　　借方余额5 000

应付账款——文创公司　　贷方余额98 000

（4）预收账款有关明细账期末余额情况为：

预收账款——方元公司　　借方余额2 000

预收账款——华裕公司　　贷方余额12 000

（5）长期借款期末余额中将于一年内到期归还的长期借款数为100 000元。

要求：请代中海公司完成下列资产负债表（表9-3）的编制。

表9-3　资产负债表（2）

资产负债表（简表）

制表单位：中海公司　　　　2017年9月30日　　　　单位：元

资　产	期初数	期末数	负债和所有者权益	期初数	期末数
流动资产：	（略）		流动负债：	（略）	
货币资金		（1）	应付账款		（9）
应收账款		（2）	预收账款		（10）
预付账款		（3）	一年内到期的非流动负债		（11）
存货		（4）	流动负债合计		（12）
一年内到期的非流动资产		8 000	非流动负债：		
流动资产合计		（5）	长期借款		150 000
非流动资产：			非流动负债合计		150 000
固定资产		（6）	负债合计		（13）
固定资产清理		-5 600	所有者权益：		
长期待摊费用		（7）	实收资本		500 000
非流动资产合计		466 450	盈余公积		4 500
			未分配利润		（14）
			所有者权益合计		（15）
资产总计		（8）	负债和所有者权益合计		908 490

要求：请填写表9-3括号中的数据。

（1）________；（2）________；（3）________；（4）________；

（5）________；（6）________；（7）________；（8）________；

（9）________；（10）________；（11）________；（12）________；

（13）________；（14）________；（15）________。

任务三　掌握利润表的编制方法

一、单项选择题

1. 财务成果主要是指企业在（　　）内通过从事生产经营活动而在财务上所取得的结果。

A. 一定时点　　B. 一定日期　　C. 一定时期　　D. 一定时日

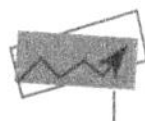

2. 利润表的基本要素包括（　　）。

A. 收入、费用及利润　　B. 资产、负债及所有者权益

C. 负债、费用及收入　　D. 资产、负债及收入

3. 编制财务报表时，以“收入－费用＝利润”这一会计等式作为编制依据的财务报表是（　　）。

A. 现金流量表　　B. 所有者权益变动表

C. 资产负债表　　D. 利润表

4. 利润表的主要项目不包括（　　）。

A. 净利润　　B. 营业收入

C. 利润总额　　D. 营业利润

5. 利润表填列的项目，一般应根据有关账户的（　　）分析填列。

A. 本期借方发生额　　B. 本期贷方发生额

C. 本期发生额　　D. 期末余额

6. 利润表中，与计算营业利润有关的项目是（　　）。

A. 主营业务利润　　B. 所得税费用

C. 营业外收入　　D. 营业外支出

7. 下列各项职工薪酬中，应计入利润表管理费用项目的是（　　）。

A. 行政管理部门工资　　B. 生产工人薪酬

C. 销售人员工资　　D. 车间管理人员工资

8. 营业收入减去营业成本、税金及附加，减去销售费用、管理费用和财务费用，减去资产减值损失，加投资收益后的金额，称为（　　）。

A. 净利润　　B. 利润总额

C. 营业利润　　D. 主营业务利润

9. 多步式利润表中的利润总额是以（　　）为基础来计算的。

A. 营业成本　　B. 投资收益

C. 营业利润　　D. 营业收入

10. 我国的利润表采用（　　）。

A. 单步式　　B. 多步式　　C. 报告式　　D. 账户式

11. 以营业利润为基础，加上营业外收入，减去（　　），计算出利润总额。

A. 销售费用　　B. 管理费用

C. 主营业务成本　　D. 营业外支出

12. 以利润总额为基础，减去（　　），计算出净利润。

A. 财务费用　　B. 管理费用

C. 所得税费用　　D. 销售费用

13. 下列选项中，不会影响营业利润金额增减的是（　　）。

A. 财务费用　　B. 资产减值损失

C. 营业外收入　　D. 投资收益

14. 企业利润总额350 000元，税收滞纳金5 000元，业务招待费超支2 350元，国债利息收入6 000元，其应纳税所得额为（　　）。

A. 351 350元　　B. 338 550元　　C. 361 450元　　D. 350 550元

15. 多步式利润表中的利润总额是以（　　）为基础来计算的。

A. 投资收益　　B. 营业收入

C. 营业外收入　　D. 营业利润

16. 利润表中各项目的本年累计数反映的是（　　）。

A. 年初余额加本期实际发生额　　B. 截至本月末的年内累计数

C. 本期实际发生额　　D. 年末余额

17. 下列项目中不影响企业营业利润的有（　　）。

A. 商品收入　　B. 财务费用

C. 出售固定资产净收益　　D. 劳务收入

18. 利润表中本期金额栏各项目应根据损益类账户的（　　）填列。

A. 本期发生额合计数　　B. 上年同期发生额合计数

C. 期初余额　　D. 期末余额

19. 某企业2017年度主营业务收入贷方发生额为5 000 000元，主营业务成本借方发生额为2 400 000元，税金及附加借方发生额为500 000元，管理费用借方发生额为400 000元，销售费用借方发生额为150 000元，投资收益贷方发生额为200 000元，营业外支出借方发生额为20 000元。如果不考虑其他因素的影响，该企业本期实现的营业利润金额为（　　）元。

A. 1 750 000　　B. 1 730 000

C. 1 550 000　　D. 1 350 000

20. 某企业本月营业收入1 515 000元，营业外收入100 000元，投资收益60 000元，营业成本760 000元，税金及附加30 000元，营业外支出80 000元，管理费用40 000元，销售费用30 000元，财务费用15 000元，所得税费用180 000元。则该企业本月营业利润为（　　）。

A. 120 000元　　B. 700 000元

C. 540 000元　　D. 110 000元

21. 某企业主营业务收入80 000元，主营业务成本60 000元，税金及附加5 600元，管理费用8 000元，营业外收入1 000元，所得税费用2 500元，则利润总额应为（　　）元。

A. 4 900　　B. 5 900　　C. 7 400　　D. 8 400

22. 某公司本会计期间的主营业务收入为23 000 000元，主营业务成本为13 400 000元，税金及附加为1 800 000元，销售费用为1 400 000元，管理费用为1 200 000元，财务费用为150 000元，营业外收入为260 000元，营业外支出为170 000元，其他业务收入为2 600 000元，其他业务成本2 200 000元，应交所得税按利润总额的25%计算，其营业利润、利润总额、企业净利润分别为（　　）元。

A. 5 450 000、5 554 000、4 155 000　　B. 7 250 000、7 340 000、5 505 000

C. 7 250 000、7 340 000、1 835 000　　D. 5 450 000、5 554 000、1 385 000

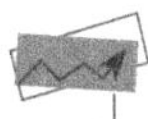

23. 关于企业利润构成，下列表述中不正确的是（　　）。

A. 企业的利润总额由营业利润、投资收益和营业外收入三部分组成

B. 营业成本＝主营业务成本＋其他业务成本

C. 净利润＝利润总额－所得税费用

D. 利润总额＝营业利润＋营业外收入－营业外支出

24. 某企业本月主营业务收入980 000元，其他业务收入74 000元，营业外收入88 000元，主营业务成本640 000元，其他业务成本52 000元，税金及附加26 000元，营业外支出72 000元，管理费用32 000元，销售费用24 000元，财务费用16 000元，所得税费用83 000元。则该企业本月营业利润为（　　）元。

A. 42 400　　B. 181 000　　C. 264 000　　D. 290 000

二、多项选择题

1. 下列关于利润表的作用说法中正确的是（　　）。

A. 有助于分析企业的经营成果和获利能力

B. 有助于考核企业管理人员的经营业绩

C. 有助于企业管理人员的未来决策

D. 有助于预测企业的未来利润和现金流量

2. 下列选项中，影响企业利润总额的有（　　）。

A. 营业外支出　　B. 所得税费用

C. 资产减值损失　　D. 公允价值变动损益

3. 下列选项中属于利润表提供的信息有（　　）。

A. 实现的营业收入　　B. 发生的营业成本

C. 营业利润　　D. 企业本期实现的利润或发生的亏损总额

4. 利润表的特点有（　　）。

A. 根据相关账户的本期发生额编制　　B. 根据相关账户的期末余额编制

C. 属于静态报表　　D. 属于动态报表

5. 企业的利润一般可表示为（　　）。

A. 营业利润　　B. 主营业务利润

C. 利润总额　　D. 净利润

6. 下列关于利润的说法中，正确的有（　　）。

A. 是收入减去费用后的余额　　B. 净利润等于利润总额减去所得税费用

C. 是企业在一定会计期间的经营成果　　D. 企业的利润总额不包括营业外收入

7. 下列选项中属于利润表项目的有（　　）。

A. 营业收入　　B. 其他业务成本

C. 主营业务收入　　D. 营业成本

8. 利润表中的营业成本项目填列的依据有（　　）。

A. 其他业务成本发生额　　B. 营业外支出发生额

C. 主营业务成本发生额　　D. 税金及附加发生额

9. 利润表分为（　　）两种格式。

A. 多步式　B. 账户式　C. 报告式　D. 单步式

10. 下列选项中，影响营业利润的账户有（　　）。

A. 其他业务收入　B. 营业外支出

C. 税金及附加　D. 主营业务收入

11. 下列关于利润表的说法中，正确的有（　　）。

A. 利润表由表头、表身和表尾等部分组成

B. 利润表的格式主要有单步式和多步式两种

C. 利润表也叫损益表

D. 我国利润表采用多步式结构

12. 下列选项中不作为营业收入的是（　　）。

A. 对外单位罚款取得的收入　B. 出售材料取得的收入

C. 出售产品取得的收入　D. 购买债券取得的利息收入

13. 下列选项中，影响营业利润项目的有（　　）。

A. 投资收益　B. 资产减值损失

C. 非流动资产处置利得　D. 公允价值变动损益

14. 利润表中的营业成本项目填列的依据有（　　）。

A. 税金及附加发生额　B. 其他业务成本发生额

C. 营业外支出发生额　D. 主营业务成本发生额

15. 构成营业利润的因素有（　　）。

A. 税金及附加　B. 资产减值损失

C. 所得税费用　D. 财务费用

16. 下列选项中影响利润总额计算的项目有（　　）。

A. 营业收入　B. 营业外支出

C. 营业外收入　D. 投资收益

17. 下列等式中，正确的有（　　）。

A. 利润总额＝营业利润＋营业外收入－营业外支出

B. 期间费用＝管理费用＋销售费用＋财务费用

C. 营业利润＝营业收入－营业成本－税金及附加－期间费用－资产减值损失＋公允价值变动收益（－公允价值变动损失）＋投资收益（－投资损失）

D. 净利润＝利润总额－所得税费用

18. 某企业2017年营业利润32 000 000元，营业外收入5 000 000元，营业外支出1 000 000元，净利润31 000 000元。下列关于该企业2017年年度相关指标的表述中，正确的有（　　）。

A. 所得税费用9 000 000元　B. 所得税费用5 000 000元

C. 利润总额37 000 000元　D. 利润总额36 000 000元

三、判断题

1. 利润表也称为损益表。（　　）

2. 利润表是反映企业在一定会计期间财务状况的会计报表。（ ）

3. 利润表反映了企业一定会计期间的经营成果；现金流量表反映了一定会计期间现金和现金等价物流入和流出情况。二者都属于动态财务报表。（ ）

4. 企业实现的利润或发生的亏损，都属于企业的经营成果。（ ）

5. 根据利润表，可以分析企业的获利能力和利润的未来发展趋势，了解投资者投入资本的保值增值情况。（ ）

6. 利润表能够反映出企业的偿债能力和支付能力。（ ）

7. 利润表是反映企业某一特定日期经营成果的财务报表。（ ）

8. 税金及附加是指企业经营活动应负担的相关税费，包括增值税、营业税、消费税、城市维护建设税、资源税和教育费附加等。（ ）

9. 多步式利润表中的营业收入即指主营业务收入。（ ）

10. 利润表中的营业外收入项目，反映直接计入当期利润的利得，包括公允价值变动收益、材料盘盈等。（ ）

11. 利润表中的税金及附加项目，反映企业日常经营活动应负担的消费税、城市维护建设税、所得税等税金和教育费附加。（ ）

12. 累计折旧在资产负债表中应作为负债项目列示。（ ）

13. 净利润＝利润总额－相关税费。（ ）

14. 编制利润表时，假定公允价值变动收益和投资收益科目的净额为借方发生额，填写的方法为以正数填列。（ ）

15. 利润表中收入类项目大多是根据收入类账户期末结转前借方发生额减去贷方发生额后的差额填列，若差额为负数，则以“－”号填列。（ ）

16. 利润表中的营业利润是由营业收入减去营业成本得到的。（ ）

17. 不存在纳税调整事项的情况下，企业应纳税所得额等于税前会计利润。（ ）

18. 利润是企业一定会计期间的经营成果。利润包括收入减去费用后的净额、直接计入当期利润的利得和损失等。（ ）

19. 多步式利润表中，各项期间费用是营业利润计算过程中的减项。（ ）

20. 净利润是指营业利润减去所得税费用后的金额。（ ）

四、综合题

1. 资料：

（1）华财公司2017年年度，经注册会计师审核，发现如下错账：

①有一笔产品销售业务，结转的销售成本为45 000元，而实际应结转的销售成本是55 000元，少结转成本10 000元。

②漏记一笔用银行存款购办公用品的费用1 000元，导致少记管理费用1 000元。

③将一笔120 000元的销售收入误记为150 000元，多记收入30 000元（假定该销售收入已存入银行存款）。

（2）华财公司2017年错账更正前的简式利润表如表9-4所示。

表9-4 利润表（1）

利润表（简表）

编制单位：华财公司　　　　2017年　　　　单位：元

项　目	行次	本年金额	上年金额
一、营业收入		500 000	（略）
减：营业成本		200 000	
税金及附加		70 000	
销售费用		20 000	
管理费用		25 000	
财务费用（收益以“—”号填制）		5 000	
二、营业利润（亏损以“—”号填列）		180 000	
加：营业外收入		5 000	
减：营业外支出		2 000	
三、利润总额（亏损总额以“—”号填列）		183 000	
减：所得税费用		45 750	
四、净利润（净亏损以“—”号填列）		137 250	

要求：假定华财公司适用的所得税税率为25%，不存在任何纳税调整事项，请完成上述错账更正后的简式利润表，如表9-5所示。

表9-5 利润表（2）

利润表（简表）

编制单位：华财公司　　　　2017年　　　　单位：元

项　目	行次	本年金额	上年金额
一、营业收入		（1）	（略）
减：营业成本		（2）	
税金及附加		70 000	
销售费用		20 000	
管理费用		26 000	
财务费用（收益以“—”号填制）		5 000	
二、营业利润（亏损以“—”号填列）		（3）	
加：营业外收入		5 000	
减：营业外支出		2 000	
三、利润总额（亏损总额以“—”号填列）		（4）	
减：所得税费用		（5）	
四、净利润（净亏损以“—”号填列）		（6）	

请填写表9-5括号中的数据。

（1）________；（2）________；（3）________；（4）________；

（5）________；（6）________。

2. 华天公司所得税税率为25%。该公司2017年的收入和费用有关资料如表9-6所示。

表9-6 收入和费用 单位：元

账户名称	借方发生额	贷方发生额
主营业务收入		2 050 000
其他业务收入		115 000
营业外收入		13 500
投资收益	20 000	
主营业务成本	1 380 000	
其他业务成本	76 000	
税金及附加	15 800	
销售费用	85 000	
管理费用	102 000	
财务费用	5 200	
资产减值损失	5 000	
营业外支出	8 000	

根据上述资料，请计算华天公司2017年年度利润表中的下列项目的金额：

（1）营业收入（ ）元；（2）营业成本（ ）元；

（3）营业利润（ ）元；（4）利润总额（ ）元；

（5）所得税费用（ ）元；（6）净利润（ ）元。

3. 华云公司所得税税率为25%，该公司2017年1—11月各损益账户的累计发生额和12月底转账前各损益类账户的发生额如表9-7所示。

表9-7 华云公司借贷发生额 单位：元

账户名称	12月份发生额		1—11月累计发生额	
	借方	贷方	借方	贷方
主营业务收入		318 000		5 000 000
主营业务成本	252 500		2 800 000	
销售费用	2 600		10 000	
税金及附加	1 000		29 000	
其他业务成本	7 500		32 500	
营业外支出	2 000		11 000	

续表

账户名称	12月份发生额		1—11月累计发生额	
	借方	贷方	借方	贷方
财务费用	3 000		30 000	
管理费用	4 400		50 000	
其他业务收入		9 500		45 000
营业外收入		3 000		
投资收益		20 000		

根据上述资料，请计算华云公司2017年年度利润表中的下列项目的金额：

（1）营业收入（　　）元；　　（2）营业成本（　　）元；

（3）营业利润（　　）元；　　（4）利润总额（　　）元；

（5）所得税费用（　　）元；　　（6）净利润（　　）元。

模拟试题（一）

一、单项选择题（每小题1分，共15分。）

1. 下列选项中属于会计基本职能的是（　　）。

A. 会计核算与会计预测　　B. 会计预算和会计决算

C. 会计核算与会计监督　　D. 会计分析和会计决策

2. （　　）界定了会计信息的时间段落，为分期结算账目和编制财务会计报告等奠定了理论与实务基础。

A. 会计主体　　B. 会计分期　　C. 会计核算　　D. 持续经营

3. 下列选项中不属于流动负债的是（　　）。

A. 应付债券　　B. 应付股利　　C. 应付票据　　D. 应付账款

4. 下列资产中属于企业流动资产的是（　　）。

A. 专利权　　B. 厂房　　C. 机器设备　　D. 存货

5. 明细分类账户是根据（　　）设置的用来对会计要素具体内容进行明细分类核算的账户。

A. 总分类科目　　B. 会计科目　　C. 会计主体　　D. 明细分类科目

6. 在一定时期内多次记录发生的同类型经济业务的原始凭证称为（　　）。

A. 一次凭证　　B. 累计凭证　　C. 转账凭证　　D. 汇总凭证

7. 8月1日对7月的损益类账户的发生额进行转账，填制转账凭证日期应该是（　　）。

A. 8月1日　　B. 7月1—31日　　C. 7月31日　　D. 7月1日

8. 下列做法中错误的是（　　）。

A. 现金日记账采用三栏式账簿　　B. 产成品明细账采用数量金额式账簿

C. 生产成本明细账采用三栏式账簿　　D. 制造费用明细账采用多栏式账簿

9. 采用补充登记法，是因为（　　）导致账簿错误。

A. 记账凭证上会计科目错误

B. 记账凭证上记账方向错误

C. 记账凭证上会计科目或记账方向正确，所记金额大于应记金额

D. 记账凭证上会计科目和记账方向正确，所记金额小于应记金额

10. 科目汇总表账务处理程序和汇总记账凭证账务处理程序的主要相同点是（　　）。

A. 记账凭证汇总的方法相同　　B. 登记总账的依据相同

C. 会计凭证的种类相同　　D. 都减轻了登记总账的工作量

11. 汇总记账凭证账务处理程序适用于（　　）的单位。

A. 规模较小，业务量较少　　B. 规模较大，业务量较多

C. 规模较大，业务量较少　　D. 规模较小，业务量较多

12. 以下项目中不是财产清查的基本程序的是（　　）。

A. 清查前的准备工作　　B. 账项核对和实地盘点

C. 清查结果处理　　D. 复查报告

13. 某企业原材料盘亏，现查明原因，属于定额内损耗，按照规定予以转销时，应编制的会计分录为（　　）。

A. 借：待处理财产损溢
　　贷：原材料

B. 借：待处理财产损溢
　　贷：管理费用

C. 借：管理费用
　　贷：待处理财产损溢

D. 借：营业外支出
　　贷：待处理财产损溢

14. 各单位每年形成的会计档案，都应由本单位（　　）负责整理立卷，装订成册，编制会计档案保管清册。

A. 财务会计部门　　B. 档案部门　　C. 人事部门　　D. 指定专人

15. 企业的固定资产卡片的保管期限为（　　）。

A. 固定资产清理报废时　　B. 固定资产清理报废后保管1年

C. 固定资产清理报废后保管2年　　D. 固定资产清理报废后保管5年

二、多项选择题（每小题2分，共20分。）

1. 下列选项中反映企业财务状况的会计要素是（　　）。

A. 所有者权益　　B. 资产　　C. 财务费用　　D. 负债

2. 通常反映的是资产或者负债的现时成本或者现时价值的计量属性的有（　　）。

A. 重置成本　　B. 可变现净值　　C. 公允价值　　D. 现值

3. 资金运动包括（　　）。

A. 资金的投入　　B. 资金的退出

C. 资金的循环和周转　　D. 财务预算

4. 关于会计凭证，下列表述中正确的有（　　）。

A. 会计凭证可以分为原始凭证和记账凭证

B. 原始凭证是编制记账凭证的依据

C. 记账凭证是登记账簿的直接依据

D. 尚未取得原始凭证的经济业务可以先编制记账凭证据以记账

5. 现金与银行存款之间的划转应编制（　　）。

A. 现金收款凭证　　B. 银行存款付款凭证

C. 现金付款凭证　　D. 银行存款收款凭证

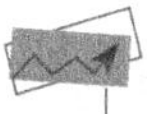

6. 会计账簿按用途不同，可以分为（　　）。

A. 分类账簿　　B. 活页账簿　　C. 备查账簿　　D. 数量金额式账簿

7. 编制银行存款余额调节表时，应调整企业银行存款日记账余额的业务是（　　）。

A. 企业已收，银行未收　　B. 企业已付，银行未付

C. 银行已收，企业未收　　D. 银行已付，企业未付

8. 下列账户的明细账账页格式应采用三栏式的有（　　）。

A. 原材料　　B. 实收资本　　C. 应收账款　　D. 应付账款

9.（　　）属于账实核对的工作内容。

A. 现金日记账的账面余额与实际库存数核对

B. 银行存款日记账账面余额与银行对账单核对

C. 各种债权、债务明细账账面余额与有关单位（或个人）核对

D. 各种财产物资实有数与相应明细账核对

10. 进行局部财产清查时，正确的做法是（　　）。

A. 现金每月清点一次　　B. 银行存款每月至少同银行核对一次

C. 贵重物品每月盘点一次　　D. 债权债务每年至少核对一到两次

三、判断题（每小题1分，共10分。）

1. 企业对其所使用的机器设备、厂房等固定资产，只有在持续经营的前提下才可以在机器设备的使用年限内，按照其价值和使用情况，确定采用某一折旧方法计提折旧。（　　）

2. 目前，我国的行政单位会计大部分业务采用权责发生制。（　　）

3. 款项是作为支付手段的货币资金；有价证券是指表示一定财产拥有权或支配权的证券。款项和有价证券不是流动性最强的资产。（　　）

4. 费用和成本是同一概念。（　　）

5. 记账凭证是介于原始凭证与账簿之间的中间环节，是登记明细账账户和总账账户的依据。（　　）

6. 会计账簿是整个会计核算的中心环节，因此会计对外提供信息的主要方式就是会计账簿。（　　）

7. 启用订本式账簿，除在账簿扉页填列账簿启用和经管人员一览表外，还应从第一页到最后一页顺序编写页数，不得跳页、缺号。（　　）

8. 如果财产清查账实不符，则说明记账肯定出现了差错。（　　）

9. 季度财务会计报告应于季度终了后的20日内报出。（　　）

10. 各单位保存的会计档案一律不得借出。如有特殊需要，经本单位负责人批准，只能提供查阅或者复制，并办理登记手续。（　　）

四、综合题（共55分。）

1. 安华工厂11月发生以下经济业务：

（1）11月3日，向银行借入短期借款45 000元，存入银行。

（2）11月6日，用银行存款购入材料30 000元，材料已验收入库。

（3）11月7日，从银行中提取300元现金。

（4）11月9日，从某企业赊购材料15 000元，材料已验收入库。

（5）11月11日，以银行存款支付11月9日赊购款项。

（6）11月20日，以银行存款归还银行短期借款45 000元。

（7）11月21日，售给大华工厂一批产品，货款65 000元，收入存入银行。

（8）11月22日，赊销给东华工厂30 000元产品。

（9）11月25日，收到东华工厂归还的15 000元货款。

（10）11月30日，发现短缺设备一台，账面原值40 000元，已提折旧18 000元，原因待查。

要求：运用借贷记账法编写会计分录并填入表10-1（不考虑增值税）。（本题15分。）

表10-1　会计分录

（1）	（2）
（3）	（4）
（5）	（6）
（7）	（8）
（9）	（10）

2. 某企业2017年10月发生的经济业务及登记的总账和明细账如下。

（1）4日，向A企业购入甲材料850千克，单价13元，价款11 050元；购入乙材料1 000千克，单价15元，价款15 000元。货物已验收入库，款项26 050元尚未支付。（不考虑增值税，下同）

（2）10日，向B企业购入甲材料1 200千克，单价13元，价款15 600元，货物已验收入库，款项尚未支付。

（3）13日，生产车间为生产产品领用材料，其中领用甲材料1 500千克，单价13元，价值19 500元；领用乙材料900千克，单价15元，价值13 500元。

（4）21日，向A企业偿还前欠货款20 000元，向B企业偿还前欠货款12 000元，用银行存款支付。

（5）26日，向A企业购入乙材料600千克，单价15元，价款9 000元已用银行存款支付，货物同时验收入库。

要求：根据资料和总账与明细账的勾稽关系，将总账和明细账中空缺的数字填上，如表10-2～表10-5所示。（本题14分。）

表10-2　总账（1）

总账

账户名称：应付账款　　　　单位：元

2017年		凭证号数	摘　要	借方	贷方	借或贷	余额
月	日						
10	1	（略）	月初余额			贷	19 500
	4	购入材料			26 050	贷	（1）
	10	购入材料			（2）	贷	61 150
	21	归还前欠货款		32 000		贷	29 150
	31	本月合计		（3）	41 650	贷	29 150

表10-3　应付账款明细账（1）

应付账款明细账

会计科目：A企业　　　　单位：元

2017年		凭证号数	摘　要	借方	贷方	借或贷	余额
月	日						
10	1	（略）	月初余额			贷	（4）
	4		购入材料		26 050	贷	36 050
	21		归还前欠货款	（5）		贷	（6）
	31		本月合计	20 000	26 050	贷	16 050

表10-4　应付账款明细账（2）

应付账款明细账

会计科目：B企业　　　　单位：元

2017年		凭证号数	摘　要	借方	贷方	借或贷	余额
月	日						
10	1	（略）	月初余额			贷	9 500
	10		购入材料		（7）	贷	25 100
	21		归还前欠货款	12 000		贷	（8）
	31		本月合计	（9）	15 600	贷	13 100

表10-5　总账（2）

总账

账户名称：原材料　　　　单位：元

2017年		凭证号数	摘　要	借方	贷方	借或贷	余额
月	日						
10	1	（略）	月初余额			借	（10）
	4		购入材料	（11）		借	34 250
	10		购入材料	15 600		借	（12）
	13		生产领用材料		（13）	借	16 850
	26		购入材料	9 000		借	25 850
	31		本月合计	50 650	33 000	借	（14）

（1）________；（2）________；（3）________；（4）________
（5）________；（6）________；（7）________；（8）________
（9）________；（10）________；（11）________；（12）________
（13）________；（14）________。

3. 华月公司编制的2017年12月的试算平衡表，如表10-6所示，请根据试算平衡原理，在有标号的空格内填写正确的数字，使试算平衡表平衡。

表10-6　试算平衡表　　单位：元

账户名称	期初余额		本期发生额		期末余额	
	借方	贷方	借方	贷方	借方	贷方
库存现金	10 000		15 000	（1）	20 000	
银行存款	（2）		2 450 000	1 826 000	824 000	
应收账款	80 000		（3）	400 000	30 000	
库存商品	35 000		250 000	（4）	253 000	
固定资产	750 000		（5）	20 000	（6）	
无形资产	35 000			6 000	（7）	
短期借款		210 000	162 000			（8）
应付账款		30 000	（9）	402 000		382 000
长期借款		60 000	（10）	2 000 000		560 000
实收资本		760 000				760 000
盈余公积		50 000				50 000
利润分配				400 000		400 000
合计	1 110 000	1 110 000	5 091 000	（11）	（12）	2 200 000

答案（本题12分。）：
（1）________；（2）________；（3）________；（4）________；
（5）________；（6）________；（7）________；（8）________；
（9）________；（10）________；（11）________；（12）________。

4. 华月公司所得税税率为25%。该公司2017年的收入和费用有关资料如表10-7所示。

表10-7　收入与费用　　单位：元

账户名称	借方发生额	贷方发生额
主营业务收入		650 000
其他业务收入		85 000

续表

账户名称	借方发生额	贷方发生额
营业外收入		3 500
投资收益		11 800
主营业务成本	370 000	
其他业务成本	41 000	
税金及附加	7 800	
销售费用	12 000	
管理费用	23 000	
财务费用	3 500	
资产减值损失	4 500	
营业外支出	8 000	

请代华月公司计算2017年年度的利润表中下列项目的金额（要求列式计算，本题6分。）

（1）营业收入＝

（2）营业成本＝

（3）营业利润＝

（4）利润总额＝

（5）所得税费用＝

（6）净利润＝

5. 华月公司2017年10月最后3天的银行存款日记账和银行对账单的有关记录如下：

（1）华月公司银行存款日记账的记录（假定企业记录无误）。

日期	摘要	金额
10月29日	因销售商品收到98＃转账支票一张	25 000
10月29日	开出78＃现金支票一张	800
10月30日	收到A公司交来的355＃转账支票一张	4 800
10月30日	开出105＃转账支票以支付货款	11 700
10月31日	开出106＃转账支票以支付明年报刊订阅费	700
月末余额		147 800

（2）银行对账单记录（假定银行记录无误）。

日期	摘要	金额
10月29日	支付78＃现金支票一张	800
10月30日	收到 98＃转账支票一张	25 000
10月30日	收到托收的货款	35 000
10月30日	支付105＃转账支票	11 700
10月31日	结转银行结算手续费	100
月末余额		178 600

要求：代华月公司完成下列银行存款余额调节表（见表10-8）的编制。

表10-8　银行存款余额调节表

银行存款余额调节表

编制单位：华月公司　　2017年10月31日　　单位：元

项　目	金　额	项　目	金　额
企业银行存款日记账余额	（1）	银行对账单余额	（5）
加：银行已收企业未收的款项合计	（2）	加：企业已收银行未收的款项合计	（6）
减：银行已付企业未付的款项合计	（3）	减：企业已付银行未付的款项合计	（7）
调节后余额	（4）	调节后余额	（8）

请答题（本题8分。）：

（1）________；（2）________；（3）________；（4）________；

（5）________；（6）________；（7）________；（8）________。

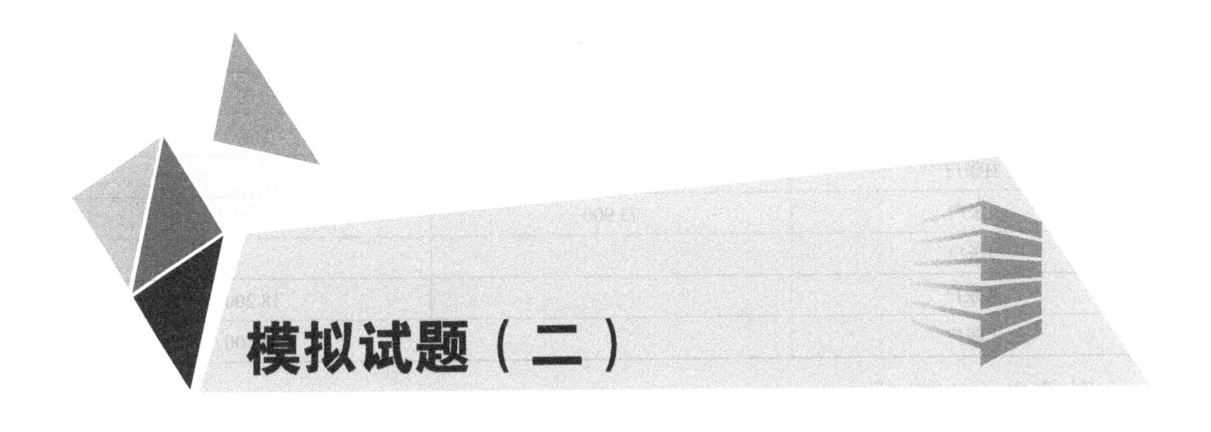

模拟试题（二）

一、单项选择题（每小题1分，共15分。）

1.（　　）是指企业过去的交易或者事项形成的，由企业拥有或者控制的，预期会给企业带来经济利益的资源。

A. 资产　　B. 收入

C. 费用　　D. 所有者权益

2. 2010年5月，企业向银行借款购买固定资产，表现为（　　）。

A. 一项资产增加，一项资产减少　　B. 一项资产增加，一项负债增加

C. 一项资产减少，一项负债增加　　D. 一项资产减少，一项负债减少

3. 企业在进行会计核算时应遵循一些基本要求，下列表述中错误的是（　　）。

A. 必须根据实际发生的经济业务事项进行会计核算，编制财务会计报告

B. 不得违反会计法和国家统一的会计制度的规定私设会计账簿登记、核算

C. 对会计凭证、会计账簿、财务会计报告和其他会计资料应当建立档案，妥善保管

D. 使用电子计算机进行会计核算的，其软件及其生成的会计资料无须符合国家统一的会计制度的规定

4. 会计科目是指对（　　）的具体内容进行分类核算的项目。

A. 会计主体　　B. 会计要素

C. 会计科目　　D. 会计信息

5. 所有者权益类账户的借方记录（　　）。

A. 增加发生额　　B. 减少发生额

C. 增加或减少发生额　　D. 以上都不对

6. 某企业资产总额为1 000 000元，当发生下列三笔经济业务后：①向银行借款200 000元存入银行；②用银行存款偿还应付账款50 000元；③收回应收账款40 000元存入银行，其资产总额为（　　）。

A. 1 190 000元　　B. 1 150 000元

C. 1 110 000元　　D. 710 000元

7. 某企业期末余额试算平衡表（见表11-1）的资料如下：

表11-1　试算平衡表（1）　单位：元

账户名称	期末余额	
	借方	贷方
H账户	12 300	
I账户	73 900	
J账户		
K账户		18 200
L账户		35 500

则J账户（　　）元。

A. 有借方余额32 500　　B. 有贷方余额32 500

C. 有借方余额32 900　　D. 有贷方余额32 900

8. 某项经济业务的会计分录为：

借：资本公积　　5 000

　　贷：实收资本　　5 000

该分录表示（　　）。

A. 一个资产项目减少5 000元，一个所有者权益项目增加5 000元

B. 一个所有者权益项目增加5 000元，另一个所有者权益项目减少5 000元

C. 一个资产项目增加5 000元，一个所有者权益项目增加5 000元

D. 一个所有者权益项目增加5 000元，另一个所有者权益项目也增加5 000元

9. 总分账和明细账平行登记，是指（　　）。

A. 两者的记账内容相同　　B. 两者的记账方向相同

C. 两者的记账金额相同　　D. 以上同时成立

10. 会计凭证分为原始凭证和记账凭证的依据是（　　）。

A. 填制方式　　B. 填制结果

C. 填制程序和用途　　D. 取得的来源

11. 以下经济业务中，应填制转账凭证的是（　　）。

A. 职工借支差旅费5 000元　　B. 以现金2 000元购买办公用品

C. 销售甲产品收入现金3 000元　　D. 购入设备一台，价款60 000元未付

12. 下列选项中适合采用多栏式明细账格式核算的是（　　）。

A. 原材料　　B. 制造费用　　C. 应付账款　　D. 库存商品

13. 结账时，应当划通栏双红线的是（　　）。

A. 12月末结出全年累计发生额后　　B. 各月末结出本年累计发生额后

C. 结出本季累计发生额后　　D. 结出当月发生额后

14. 现金清查中，无法查明原因的长款，应计入（　　）核算。

A. 其他应付款　　B. 其他应收款　　C. 管理费用　　D. 营业外收入

15. 资产负债表中所有者权益的排列顺序是（　　）。

A. 未分配利润——盈余公积——资本公积——实收资本

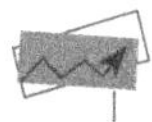

B. 实收资本——资本公积——盈余公积——未分配利润

C. 实收资本——盈余公积——资本公积——未分配利润

D. 资本公积——盈余公积——未分配利润——实收资本

二、多项选择题（每小题2分，共20分。）

1. 下列选项中，属于会计职能的是（　　）。

A. 评价经营业绩　　B. 会计核算　　C. 预测经济前景　　D. 参与经济决策

2. 目前，我国事业单位会计可采用的会计计量基础有（　　）。

A. 持续经营　　B. 权责发生制　　C. 货币计量　　D. 收付实现制

3. 会计科目的设置原则包括（　　）。

A. 实用性　　B. 相关性　　C. 合法性　　D. 一致性

4. 账户记账可能存在下列哪些不能由试算平衡表来发现的错误？（　　）

A. 一笔经济业务的记录全部被漏记或重记

B. 一笔经济业务的借贷双方，在编制会计分录时，金额上发生同样的错误

C. 在编制会计分录时，一笔经济业务应借应贷的账户相互颠倒

D. 会计分录的借贷双方或一方，在过入总账时误记了账户

5. 下列单据中属于原始凭证的有（　　）。

A. 销货发票　　B. 销售合同　　C. 材料入库单　　D. 领料单

6. 下列选项中属于备查账簿的有（　　）。

A. 租入固定资产登记簿　　B. 代销商品登记簿

C. 受托加工材料登记簿　　D. 材料采购明细账

7. 结转盘亏的固定资产时，不能列入营业外支出核算的是（　　）。

A. 已提取的减值准备

B. 过失人赔偿部分

C. 已经提取的折旧

D. 固定资产原价扣除累计折旧、减值准备和赔偿后的差额

8. 资产负债表的下列项目中，需要根据总账科目余额减去其备抵项目后的净额填列的有（　　）。

A. 应收账款　　B. 长期股权投资　　C. 存货　　D. 固定资产

9. 多步式利润表可以反映企业的（　　）等利润要素。

A. 主营业务利润　　B. 营业利润　　C. 利润总额　　D. 净利润

10. 下列资料中，属于会计账簿类会计档案的有（　　）。

A. 日记账　　B. 明细账　　C. 银行对账单　　D. 固定资产卡片

三、判断题（每小题1分，共10分。）

1. 会计主体与法律主体不完全对等，法律主体可作为会计主体，但会计主体不一定是法律主体。（　　）

2. 企业预期经济业务将发生的债务，应作为负债处理。（　　）

3. 三栏式账簿是指具有日期、摘要、金额三个栏目格式的账簿。（　　）

4. 企业只能编制一借一贷、一借多贷、多借一贷的会计分录，而不能编制多借多贷的会计分录。（ ）

5. 出纳员可以直接依据有关收款和付款业务的原始凭证来收、付款。（ ）

6. 各账户在一张账页记满时，应在该账页最后一行结出余额，并在“摘要”栏注明“转次页”字样。（ ）

7. 在采用汇总记账凭证账务处理程序下，企业应定期分别编制一张汇总收款凭证、汇总付款凭证及汇总转账凭证。（ ）

8. 实地盘点法与技术推算法相比，花费的时间少，工作量也要小得多。（ ）

9. 企业会计报表各项目的数据在同一企业不同时期应当口径一致、相互可比，在不同的企业之间则不一定要相互可比。（ ）

10. 本单位档案机构为方便保管会计档案，可以根据需要对其拆封重新整理。（ ）

四、综合题（共55分。）

1. 华天公司2017年12月初有关账户余额如表11-2所示：

表11-2　账户余额表　　单位：元

账户名称	贷方余额	账户名称	借方余额
应付账款	56 000	库存现金	1 500
短期借款	29 000	银行存款	65 700
应交税费	13 500	应收账款	55 300
实收资本	600 000	库存商品	74 000
未分配利润	21 500	固定资产	458 500
累计折旧	25 000	长期股权投资	90 000
合　计	745 000	合　计	745 000

华天公司12月发生以下业务：

（1）现金购买办公用品155元。

（2）采购商品一批，增值税专用发票列示的价款10 000元，增值税1 700元，货已入库，款未付。

（3）销售商品1 000件，每件售价100元，每件成本50元，增值税税率17%，款项已收，存入银行。

（4）从银行存款账户中归还短期借款10 000元以及本月借款利息150元。

（5）收到其他单位所欠货款32 500元，存入银行。

要求：请根据上述资料，计算华天公司2017年12月31日资产负债表中下列报表项目的期末数。（不考虑所得税）（本题15分。）

（1）货币资金（ ）元；

（2）应收账款（ ）元；

（3）存货（ ）元；

（5）固定资产（ ）元；

（6）长期股权投资（ ）元；

（7）非流动资产合计（ ）元；

（4）流动资产合计（　　）元；
（8）资产合计（　　）元；
（9）应付账款（　　）元；
（13）未分配利润（　　）元；
（10）短期借款（　　）元；
（14）所有者权益合计（　　）元；
（11）应交税费（　　）元；
（15）负债及所有者权益合计（　　）元。
（12）负债合计（　　）元；

2. 资料：华天公司2017年4月30日银行存款日记账余额为160 000元，4月底公司与银行往来的其余资料如下：

（1）4月30日收到购货方转账支票一张，金额为20 000元，已经送存银行，但银行未入账。

（2）公司当月的水电费用1 000元已由银行代为支付，但公司未接到通知尚未入账。

（3）公司当月开出的用以支付供货方货款的转账支票，尚有50 000元未兑现。

（4）公司送存银行的某客户转账支票10 000元，因对方存款不足而被退票，公司未接到通知。

（5）公司委托银行代收的款项100 000元，银行已转入公司的存款账户，但公司尚未收到通知入账。

假定公司与银行的存款余额调整后核对相符。

要求：请代华天公司完成以下银行存款余额调节表（见表11-3）的编制。

表11-3　银行存款余额调节表

银行存款余额调节表

编制单位：华天公司　　　　2017年4月30日　　　　单位：元

项目	金额	项目	金额
企业银行存款日记账余额	（1）	银行对账单余额	（5）
加：银行已收企业未收的款项合计	（2）	加：企业已收银行未收的款项合计	（6）
减：银行已付企业未付的款项合计	（3）	减：企业已付银行未付的款项合计	（7）
调节后余额	（4）	调节后余额	（8）

请答题（本题8分）：

（1）________；（2）________；（3）________；（4）________；

（5）________；（6）________；（7）________；（8）________。

3. 某企业2017年7月发生的经济业务及登记的总账和明细账如下：

（1）4日，向A企业购入甲材料1 200千克，单价20元，价款24 000元；购入乙材料2 000千克，单价18元，价款36 000元。货物已验收入库，款项60 000元尚未支付。（不考虑增值税，下同。）

（2）10日，向B企业购入甲材料2 000千克，单价20元，价款40 000元，货物已验收入库，款项尚未支付。

（3）13日，生产车间为生产产品领用材料，其中领用甲材料3 000千克，单价20元，价值60 000元；领用乙材料2 500千克，单价18元，价值45 000元。

（4）22日，向A企业偿还前欠款45 000元，向B企业偿还前欠款30 000元，用银行存款支付。

（5）29日，向A企业购入乙材料1 200千克，单价18元，价款21 600元已用银行存款支付，货物同时验收入库。

要求：根据资料和总账与明细账的勾稽关系，将总账和明细账中（见表11-4～表11-7）空缺的数字填上。

表11-4　总账（1）

总账

会计科目：应付账款　　　　单位：元

2017年		凭证编号	摘要	借方	贷方	借或贷	余额
月	日						
7	1	（略）	月初余额			贷	45 000
	4		购入材料		（1）	贷	105 000
	10		购入材料		40 000	贷	145 000
	22		归还前欠款	（2）		贷	70 000
	31		本月合计	75 000	100 000	贷	（3）

表11-5　应付账款明细账

应付账款明细账

会计科目：A企业　　　　单位：元

2017年		凭证编号	摘要	借方	贷方	借或贷	余额
月	日						
7	1	（略）	月初余额			贷	25 000
	4		购入材料		（4）	贷	85 000
	22		归还前欠款	45 000		贷	（5）
	31		本月合计	（6）	60 000	贷	40 000

表11-6　总账（2）

总账

会计科目：原材料　　　　单位：元

2017年		凭证编号	摘要	借方	贷方	借或贷	余额
月	日						
7	1	（略）	月初余额			借	14 800
	4		购入材料	（7）		借	74 800
	10		购入材料	40 000		借	（8）
	13		生产领用材料		105 000	借	9 800
	29		购入材料	（9）		借	（10）
	31		合计	121 600	10 500	借	31 400

表11-7 原材料明细账

原材料明细账

明细科目：乙材料　　　　数量单位：千克

2017年		凭证编号	摘要	收入			发出			结存		
月	日			数量	单价/元	金额/元	数量	单价/元	金额/元	数量	单价/元	金额/元
7	1		月初余额							600	18	10 800
	4	（略）	购入材料	（11）	18	（12）				2 600	18	46 800
	13		领用材料				2 500	18	（13）	100	18	1 800
	29		购入材料	1 200	18	21 600				1 300	18	23 400
	31		合　计	3 200	18	（14）	2 500	18	45 000	1 300	18	23 400

请答题（本题14分）：

（1）________；（2）________；（3）________；（4）________；

（5）________；（6）________；（7）________；（8）________；

（9）________；（10）________；（11）________；（12）________；

（13）________；（14）________。

4. 华天公司为增值税一般纳税企业，主要生产和销售A产品和B产品，增值税税率为17%。该公司所得税税率为25%，城建税教育费附加略。该公司2017年10月发生以下经济业务：

（1）销售A产品500件，单价80元，增值税税率17%，款项已存入银行。

（2）销售B产品1 000件，单价100元，增值税税率17%，款项尚未收回。

（3）预收B产品货款20 000元存入银行。

（4）用现金支付管理人员工资8 000元和专设销售机构的人员工资5 000元。

（5）销售多余材料200千克，单价25元，增值税税率17%，款项已收，存入银行。该材料单位成本为20元。

（6）结转已销售的A、B产品的实际生产成本，A产品单位成本为50元，B产品单位成本为70元。

则华天公司2017年10月利润表的下列报表项目金额为（本题6分。）：

（1）营业收入（　　）元；

（2）营业成本（　　）元；

（3）营业利润（　　）元；

（4）利润总额（　　）元；

（5）所得税费用（　　）元；

（6）净利润（　　）元。

5. 资料：华天公司2017年9月末有关账户的余额如表11-8所示（不考虑增值税）

表11-8　余额表

单位：元

账户名称	借方余额	账户名称	贷方余额
库存现金	300	短期借款	12 000
银行存款	16 000	应付账款	4 000
应收账款	4 000	实收资本	70 000
库存商品	4 500	利润分配	6 800
固定资产	68 000		

该公司9月发生如下经济业务：

（1）用银行存款购入库存商品2 000元。

（2）从银行存款账户中归还银行的短期借款本金11 000元，利息150元。

（3）收回其他单位的欠款4 000元，存入银行。

（4）用现金购入办公用品200元。

（5）本月的销售商品收入13 000元全部收到，存入银行。

（6）本期库存商品期末盘存数为1 600元，其余为本期销售数。

要求：请代华天公司完成下列结账前的试算平衡表（表11-9）的编制。

表11-9　试算平衡表（2）

华天公司结账前的试算平衡表

2017年9月30日

单位：元

会计科目	期初余额		本期发生额		期末余额	
	借方	贷方	借方	贷方	借方	贷方
库存现金	300			200	（1）	
银行存款	16 000		（2）	（3）	（4）	
应收账款	4 000			4 000		
库存商品	4 500		2 000	（5）	（6）	
固定资产	68 000				68 000	
短期借款		12 000	（7）			（8）
应付账款		4 000				4 000
实收资本		70 000				70 000
利润分配		6 800				6 800
财务费用			150		150	
管理费用			（9）		200	
主营业务收入				13 000		13 000
主营业务成本			（10）		（11）	
合　计	92 800	92 800	35 250	35 250	（12）	94 800

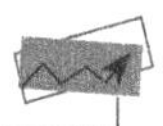

请答题（本题12分。）：

（1）________；（2）________；（3）________；（4）________；

（5）________；（6）________；（7）________；（8）________；

（9）________；（10）________；（11）________；（12）________。